t.
TRAUNER VERLAG
UNIVERSITÄT

Gesundheit
Mensch
Gesellschaft
Herausgegeben von
Klaus Zapotoczky

21

Klaus Zapotoczky

Wer bin ich eigentlich?

Versuch einer Reflexion der Lebensgestaltung

Impressum

Klaus Zapotoczky
Wer bin ich eigentlich?
Versuch einer Reflexion der Lebensgestaltung

Illustrationen & Coverbild:
Gina Müller

Kommissionsverlag:
TRAUNER
Verlag + Buchservice GmbH,
Köglstraße 14, 4020 Linz,
Österreich/Austria

Herstellung:
Druckerei Haider Manuel e.U.
Niederndorf 15, 4274 Schönau
Österreich/Austria

ISBN 978-3-99113-171-7
www.trauner.at

Meinem Sohn Johannes

in großer Dankbarkeit herzlich gewidmet.

Inhaltsverzeichnis

VORWORT

Die Frage „Wer bin ich eigentlich?" haben sich die Menschen neben vielen grundlegenden Fragen, auf die Richard David Precht in seinem leicht lesbaren Buch „Warum gibt es alles und nicht nichts?"[1] hingewiesen hat, immer wieder gestellt und in sehr unterschiedlicher Weise beantwortet. In diesem Zusammenhang wollen wir uns auf die europäische Geschichte bei der Darstellung der Entwicklung beschränken, auch wenn heute klar ist, dass die Menschen heute global denken und handeln müssen, wenn sie überleben wollen. Dafür wird eine Metamorphose, eine Verwandlung der Welt,[2] notwendig sein, die weit über die bisherigen Veränderungen hinausgehen muss. Diese Metamorphose wird eine Metamorphose der Theorie erfordern,[3] wie sie Ulrich Beck eingemahnt hat.

Mein Selbstbild und mein Selbstverständnis wandeln sich immer wieder und hängen eng mit den Bildern, die andere von mir und ich von den anderen habe, zusammen. Außerdem sind diese Bilder auch von der Art und Form der Kommunikation zwischen uns abhängig.

Über das eigene Leben nachzudenken ist eine permanente Lebensaufgabe. In diesem Buch wird versucht, ausgehend von der Kant'schen Frage. Was ist der Mensch? und unter Berücksichti-

1 Precht Richard David: Warum gibt es alles und nicht nichts? Ein Ausflug in die Philosophie, Goldmann Verlag, München 2011.

2 Beck Ulrich: Die Metamorphose der Welt, Suhrkamp Verlag, 2. Auflage, Berlin 2017.

3 Beck Ulrich, a.a.O., S. 99 ff.

gung der Bilder, die wir über uns selbst, die anderen, über Gott und die Welt in unseren Köpfen haben, Antworten zu finden.

Im ersten Kapitel suche ich nach Antworten auf die Fragen:[4]

Was kann ich wissen?

Was soll ich tun? und

Was darf ich hoffen?

Im zweiten Kapitel stelle ich mir die Frage: Wie werde ich Mensch? und suche nach Wegen, wie Mensch-Werdung gelingen kann.

Das dritte Kapitel widmet sich den Entfaltungsmöglichkeiten des Menschen in Literatur, Musik, Bildender Kunst, Wissenschaft, Sport und vor allem auch in den verschiedenen Berufen und vielen, sehr unterschiedlichen Hobbies.

Das vierte Kapitel beschäftigt sich mit der Frage: Wie kann ich zwischen Extremen die richtige Balance finden? und geht vor allem auf die Balance zwischen

- *Entfaltung des Einzelnen und Wohl der Allgemeinheit,*
- *Prinzip der Solidarität und Prinzip der Subsidiarität und*
- *Globalisierung und Beheimatung des Menschen ein.*

Das fünfte Kapitel ist der Achtsamkeit, insbesondere gegenüber Menschen, Tieren, Pflanzen und Dingen gewidmet, die den Menschen vor allem in einer Überflussgesellschaft schwer fällt. Diese umfassende Achtsamkeit als zentrale Lebensaufgabe wahrzunehmen stellt eine wichtige Zukunftsherausforderung aller Menschen dar.

4 Buber Martin: Das Problem des Menschen, Kösel Verlag, Heidelberg 1961.

Ich danke allen, die am Werden dieses Buches beteiligt waren, vor allem Frau Mag. Gina Müller für die Bilder, Frau Sallaberger für die Schreibarbeiten und dem Trauner Verlag für die Betreuung.

Ich hoffe, dass das Buch dazu beiträgt, dass viele Einzelne ihre Begabungen und Schwächen erkennen und gestalten, Gruppen ihre Identität und Aufgaben finden, Gesellschaften sich ihrer Verpflichtungen für das Allgemeinwohl und vor allem ihren schwächsten Mitgliedern gegenüber bewusst werden und die Menschheit insgesamt ihre Aufgaben für die Mitgestaltung des Kosmos erkennt und wahrnimmt.

Bad Ischl und Linz, im Jänner 2021

Klaus Zapotoczky

WAS IST DER MENSCH?
1

1. Was ist der Mensch?

Jeder Mensch hat von Beginn seines Lebens an im Prinzip alle Fähigkeiten, aber er kann im Laufe seines Lebens nur einen gewissen Teil, ein für ihn einmaliges Set von Befähigungen verwirklichen. Jeder bleibt und wird das einmalige Original, das es kein zweites Mal gegeben hat, gibt und geben wird. Die konkreten Wertschätzungen durch andere mögen (sehr) unterschiedlich sein, die Würde jeder Person muss immer gewahrt bleiben[5] und kein Mensch darf als überflüssig angesehen oder als lebensunwert beseitigt werden, ohne dass es eine Garantie dafür gibt, dass dies doch – immer wieder – geschieht und Menschen(gruppen) konkret abgewertet bzw. verachtet werden. Dies erfordert kritische Auseinandersetzungen und entsprechende Kommunikationsmöglichkeiten aller (möglichst vieler) Menschen.

Wann aber entsteht ein Mensch? Ein chinesisches Sprichwort sagt: Wenn ein Mensch geboren wird, ist er schon neun Monate alt. Verschiedene Forscher haben sich seit Menschengedenken die unterschiedlichsten Gedanken gemacht und in der Mythologie finden sich dazu interessante Hinweise, die auch heute noch das Interesse der Menschen wecken.[6] Der große österreichische Wissenschaftler

5 Hüther Gerald: Würde. Was uns stark macht – als Einzelne und als Gesellschaft, Knaus Verlag, München 2018.

6 Köhlmeier Michael: Sagen des klassischen Altertums, Piper Verlag, 16. Auflage, München 2012.

Karl R. Popper (1902-1994) hat die Meinung vertreten:[7] „Dichtung und Wissenschaft haben denselben Ursprung, den Ursprung des Mythos“ und „auch in der Wissenschaft spielt die Mythenbildung noch immer eine unerwartet große Rolle“. Darüber hinaus behauptet Popper, als „unbelehrbarer Optimist“, dass es in der Wissenschaft Fortschritt gibt, der vor allem durch „rücksichtslose Selbstkritik“ und durch „Kritik durch Gemeinschaftsarbeit“ zustande kommt. Beide Kritiken werden im modernen (Sozial-) Wissenschaftsbetrieb zu wenig gepflegt und in den Wissenschaftseinrichtungen nicht ausreichend verwirklicht, sind aber für den Fortschritt der Wissenschaft notwendig.

Der große Wissenschaftler und Begründer der Soziologie, Auguste Comte (1798-1857) hat das sogenannte Drei-Stadien-Gesetz der wissenschaftlichen Entwicklung vom theologischen über das philosophische bis zum positiven (wissenschaftlichen) Stadium erstellt und behauptet, dass auch die Sozialwissenschaft im 19. Jahrhundert in dieses Stadium eingetreten ist.[8] Hubert Christian Ehalt und Alfred Pritz haben anlässlich der Veröffentlichung des Vortrags von Verena Kast, gehalten beim 2. Weltkongress für Psychotherapie in Wien 1999 zum Thema „Mythos, Traum, Realität“, im Jahr 2000 festgestellt: „Die grundlegenden Veränderungen des gesellschaftlichen und individuellen Seins der Menschen am Ende des 20. Jahrhunderts, die durch die Etablierung neuer Kommunikationstechnologien und globalisierter Wirtschafts- und Lebensformen eingeleitet wur-

7 Popper Karl R.: Schöpferische Selbstkritik in Wissenschaft und Kunst, in: Popper Karl R.: Auf der Suche nach einer besseren Welt. Vorträge und Aufsätze aus dreißig Jahren, Piper Verlag, 9. Auflage, München 1997, S. 259.

8 Comte Auguste: Soziologie 3 Bände, Verlag G. Fischer, Jena 1907-1911.

den, erfordern verstärkte intellektuelle Anstrengungen in den Kultur- und in den Seelenwissenschaften“.[9]

Überall in der Welt haben sich die Menschen, soweit wir dies historisch verfolgen können, die Frage nach ihrem Ursprung gestellt. Kardinal Franz König hat diese Fragen nach den Ursprüngen in seine Fragen-Trilogie: Woher komme ich? Wohin gehe ich? Was ist der Sinn meines Lebens? eingefügt[10] und auch Lebensrituale entwickelt, die ihm das Leben erleichterten.[11]

Nicht nur diese persönliche Sicht ist für jeden Menschen wichtig, auch die gesellschaftlichen Veränderungen haben eine entsprechende Bedeutung. Karl R. Popper hat während des Zweiten Weltkriegs in Neuseeland das Buch „Die offene Gesellschaft und ihre Feinde“ als Aufbau-Programm für ein neues Europa verfasst und darin die Behauptung aufgestellt, dass sich Europa seit den Errungenschaften der Griechen von der geschlossenen Stammesgesellschaft zur offenen Gesellschaft entwickelt, wobei immer auch gegensätzliche Tendenzen spürbar sind.[12]

Diese Errungenschaften bestanden für Popper vor allem in der Entwicklung eines kritischen Denkens und im Aufbau einer ethischen Verantwortung. In der europäischen Tradition haben diese beiden

---

9 Ehalt Hubert Christian, Pritz Alfred: Psychotherapiestadt Wien. Vorwort, m: Kast Verena: Mythos, Traum, Realität, Picus Verlag, 2. Auflage, Wien 2015, S. 18.

10 Fenzl Annemarie, Moser Wolfgang: Vorwort in: Fenzl Annemarie, Moser Wolfgang: Kardinal König. Woher komme ich? Wohin gehe ich? Anregungen für ein angstfreies Leben, Styria Verlag, Wien Graz, Klagenfurt, 2009, S. 8.

11 Fenzl Annemarie, Moser Wolfgang, a.a.O., S. 40 ff.

12 Popper Karl R.: Die offene Gesellschaft und ihre Feinde, 2 Bände, Francke Verlag, 6. Auflage, München 1980.

Ich weiß, dass ich nicht weiß!
Was kann ich wissen?
Was soll ich tun?
Was darf ich hoffen?

Aspekte eine große Bedeutung und sind bei vielen großen Denkern, z.B. Aristoteles, Augustinus, Thomas von Aquin, Immanuel Kant eng verbunden.[13]

Immanuel Kant hat die Meinung vertreten, dass die Frage danach, was der Mensch sei, durch die existentielle Antwort jedes Menschen auf folgende drei Fragen

1. Was kann ich wissen? (Die Frage nach der Metaphysik)
2. Was soll ich tun? (Die Frage nach der Moral) und
3. Was darf ich hoffen? (Die Frage nach der Religion)

gegeben werde,[14] unabhängig davon, ob der Einzelne diese Fragen kennt oder nicht. Obwohl es auch andere, bedeutende und durchaus anregende Darstellungen der Frage nach dem Mensch-Sein gibt, wie z.B. die Auseinandersetzungen von Karl Jaspers mit den Grenzsituationen als Conditio Humana,[15] wollen wir uns hier auf Kant beschränken. Wenn jeder Mensch durch seine Existenz eine Antwort auf die Frage: „Was ist der Mensch?“ gibt, ob sich die Menschen dessen bewusst sind oder nicht, ist die Lebensgestaltung jedes Menschen für die Entwicklung, Entfaltung der Menschen entscheidend. Diese Antwort ist zugleich auch mitgeprägt von den Haltungen der anderen Menschen und den allgemeinen Lebensbedingungen des Landes.

---

13 Jacoby Edmund: 50 Klassiker Philosophen. Denker von der Antike bis heute, Gerstenberg Verlag, 5. überarbeitete Auflage, Hildesheim 2005.

14 Buber Martin: Die Fragen Kants, in: Buber Martin: Das Problem des Menschen Verlag Lambert Schneider, Heidelberg 1961, S. 9 ff.

15 Jaspers Karl: Was ist der Mensch? Grenzen und Möglichkeiten, in: Jaspers Karl: Was ist der Mensch? Philosophisches Denken für alle, Piper Verlag, München 2000, S. 129 ff.

1.1. Was kann ich wissen?

Diese Frage nach der Metaphysik hat Kant in seiner umfangreichen „Kritik der reinen Vernunft" behandelt[16] und kommt zum Schluss, dass ein absolutes Wissen für die Menschen nicht möglich ist und die bescheidene Aussage des Sokrates „Ich weiß, dass ich nicht weiß" die Situation richtig erfasst.

Heute hat man oft den Eindruck, dass die modernen Menschen immer mehr davon überzeugt sind, alles zu wissen. Helmut Schelsky sprach von einer "Priesterherrschaft" der Intellektuellen[17] und wollte damit auf den ideologischen Charakter insbesondere von Wissen über gesellschaftliche Zusammenhänge hinweisen. In vielen Bereichen gibt es (relativ gut) gesichertes Wissen über gesellschaftliche Zusammenhänge, das beachtet werden muss, sollen Fehlentwicklungen vermieden, Korrekturen möglichst rasch gesetzt und Entwicklungschancen rechtzeitig ergriffen werden.

Für die Sozialwissenschaften besonders relevant ist das Aufmerksam-Machen von Odo Marquard in Zusammenhang mit dem dominant werdenden biblisch-christlichen Gottesbegriff gegenüber dem griechischen Gottesbegriff im Kontext des Universalienstreits im ausgehenden Mittelalter auf zwei Konsequenzen dieser Entwicklung: auf die „emanzipative Konstitution der Wissenschaftswelt" und auf die „kompensatorische Rückbesinnung auf die menschliche

16 Kant Immanuel: Kritik der reinen Vernunft 1 und 2, in: Weischedel Wilhelm (Hrsg.): Werkausgabe III und IV, Suhrkamp Verlag, Frankfurt/Main 1974.

17 Schelsky Helmut: Die Arbeit tun die anderen. Klassenkampf und Priesterherrschaft der Intellektuellen, Westdeutscher Verlag, Opladen 1975.

Lebenswelt".[18] Diese Entwicklung führt zur „Genese der neuzeitlichen Wissenschaft: der modernen exakten Naturwissenschaft",[19] zu der die Lebenswelt in Opposition steht, worauf vor allem Edmund Husserl aufmerksam gemacht hat, was eine neue Definition des Menschen, nämlich sein „In-der-Welt-sein"[20] zur Folge hatte.

Die Menschen können mit Hilfe ihrer Sinnesorgane die Umwelt wahrnehmen. Sie können sehen, hören, riechen, schmecken und tasten. In relativ seltenen Stunden gelingt es den Menschen, alle ihre Sinne voll zu aktivieren und quasi hellwach alles wahrzunehmen. Einigen Menschen wird auch manchmal ein sechster Sinn zugeschrieben, mit dem sie Dinge oder Zusammenhänge wahrnehmen können, für die andere kein Organ haben.

Der große US-amerikanisch-österreichische Soziologe Alfred Schütz hat an diesen phänomenologischen Ansatz angeknüpft und diese Zusammenhänge in seinem sinnhaften Aufbau der sozialen Welt soziologisch nutzbar gemacht,[21] was von Peter L. Berger und Thomas Luckmann auch in der europäischen Soziologie weitergeführt wurde, ohne dass dies größere Wirkungen auf die österreichische Soziologie gehabt hätte.[22] Die Sozialwissenschaften haben sich mit der Lebenswelt der Menschen und verschiedenen Teilbereichen immer wieder auseinandergesetzt, ohne allerdings die Menschen als Ebenbilder Gottes wissenschaftlich explizit ins Auge zu fassen.

---

18 Marquard Odo: Der Einzelne. Vorlesungen zur Existenzphilosophie, Reclam Verlag, Stuttgart 2013, S. 64.

19 Marquard Odo, a.a.O., S. 69.

20 Marquard Odo, a.a.O., S. 75.

21 Schütz Alfred: Der sinnhafte Aufbau der sozialen Welt. Eine Einleitung in die Verstehende Soziologie, Springer Verlag, 2. Auflage, Wien 1960.

22 Berger Peter L., Luckmann Thomas: Die gesellschaftliche Konstruktion der Wirklichkeit. Eine Theorie der Wissenssoziologie, S. Fischer Verlag, Frankfurt 2010.

Gewisse negative Haltungen wurden allerdings eingehend studiert, z.B. der Neid von Helmut Schoeck[23] oder verschiedene zentrale Fehlhaltungen von Gerhard Schulze.[24]

Schon in der Antike haben sich die Menschen bemüht, sich selbst zu erkennen[25] und haben entsprechende Methoden entwickelt, sich zu konzentrieren und äußere Beeinflussungen weitgehend auszuschalten, bzw. anderem und anderen gegenüber besonders aufmerksam und achtsam zu sein.[26] Trotzdem ist es dem Menschen unmöglich, alle Winkel seiner Existenz zu erfassen und sich klar und dauerhaft bewusst zu machen und andere und anderes und vielleicht auch sich selbst voll und ganz zu verstehen. Alle bleiben letztlich ein Rätsel und nichts und niemand kann zur Gänze durchschaut werden. In seltenen Augenblicken haben Menschen den Eindruck, andere und anderes voll zu verstehen. Zuletzt bleibt aber der Eindruck, dass all unser Erkennen und unser Wissen beschränkt ist, bruchstückhaft bleibt.

Der Mensch ist zugleich das einzige Lebewesen, von dem wir wissen, dass er sich in seiner und durch seine Phantasie in Vorstellungswelten verschiedenster Art bewegen kann, die zum Teil in seinen Träumen Ausdruck finden, aber auch in Spielen, Erfindungen, theoretischen Gedankengebilden u. a. ihren Ausdruck finden. Manchmal sind diese Vorstellungen so lebendig, dass die Menschen Zweifel daran haben, was die Wirklichkeit ist.

---

23 Schoeck Helmut: Der Neid und die Gesellschaft, Herder Verlag, Freiburg/Basel/Wien 1971.

24 Schulze Gerhard: Die Sünde. Das schöne Leben und seine Feinde, Carl Hanser Verlag, München/Wien 2006.

25 Aurel Marc: Wege zu sich selbst, Verlag Anaconda, Köln 2018.

26 Annesley Mike: Anleitung zur Achtsamkeit, Dorling Kindersley Verlag, München 2016.

1.2. Was soll ich tun?

Dies ist die Frage nach der Moral. Diese Frage lässt sich nicht auf den persönlichen und individuellen Raum beschränken. Wir erleben heute, an Hand von nationalen und internationalen Großskandalen ein Defizit an Moral im öffentlichen, politischen und wirtschaftlichen Leben und es scheint mir ein gutes Zeichen zu sein, dass dieses Problem in jüngster Zeit von verschiedenen Seiten aufgearbeitet wird. In diesem Zusammenhang ist es besonders wichtig, Freiheit neu zu verstehen und nicht einfach mit Beliebigkeit gleichzusetzen. Die von Kant gestellte Frage: Was soll ich tun? darf nicht mit „Ich tue alles, was ich kann" beantwortet werden. Immer schon waren den Menschen Grenzen gesetzt und haben sich die Menschen auch selber beschränkt, aber in einer Zeit – wie der unsrigen – in der es eine vielfache Overkill Capacity gibt und die Gestaltungsmöglichkeiten weltweit enorm sind, müssen sich Einzelne, Organisationen und Unternehmen, aber auch Staaten und Staatengemeinschaften Grenzen setzen, damit die Menschheit und das Menschliche nicht zugrunde gehen.

Bestimmte Grenzüberschreitungen sind asozial, amoralisch und inhuman und können – unter keinen Umständen – toleriert werden. Eine entsprechende Bewusstseinsbildung und Einübung auf breitester Basis ist notwendig. Dass die Menschen heute – mehr als jemals früher – die richtige Verknüpfung von Freiheit und Bindung, Optionen und Ligaturen, finden müssen, wurde schon früh von Ralf Dahrendorf gesehen.[27] Insbesondere ist es wichtig, dass sich die Menschen in allen Bereichen und auf allen Ebenen an die Spielre-

27 Dahrendorf Ralf: Lebenschancen. Anläufe zur sozialen und politischen Theorie, Suhrkamp Verlag, Frankfurt/Main 1979.

geln halten, die sie sich selbst gegeben und/oder auf die sie sich geeinigt haben.

Josef Pieper hat schon früh „Grundformen sozialer Spielregeln" entwickelt, die bis heute wichtig geblieben sind, ja noch an Bedeutung gewonnen haben.[28] „Spielverderber", die in einigen Bereichen lebensgefährdend werden können, sind alle diejenigen, die sich an die eigenen Spielregeln selber nicht halten und glauben, selber außerhalb jeder Ordnung zu stehen.

Kant hat sich mit der Frage: Was soll ich tun? in seiner „Kritik der praktischen Vernunft" einschließlich der Metaphysik der Sitten beschäftigt.[29] Eine für unseren Zusammenhang wichtige These ist die Meinung von Leszek Kołakowski, dass jede Gesellschaft und jede Moral einen Gott brauche, weil sonst alles erlaubt wäre.[30] Gott ist so gesehen also der Garant jeglicher Moral, die Bedingung funktionierender gesellschaftlicher Ordnung.

Diese Frage „Was soll ich tun?" schließt auch die Frage „Was soll ich nicht tun?" ein. Es gibt also für jeden Menschen und alle menschlichen Gemeinschaften Gebote und Verbote. Beide sollen – im Idealfall – das Zusammenleben der Menschen erleichtern und fördern, aber häufig empfinden die Menschen Gebote und Verbote als Einschränkungen ihrer Freiheit und sind versucht, diese Gebote und Verbote zu verletzen.

---

28 Pieper Josef: Grundformen sozialer Spielregeln, Verlag Josef Knecht, Frankfurt/Main 1962.

29 Kant Immanuel: Kritik der praktischen Vernunft. Grundlegung zur Metaphysik der Sitten, in: Weischedel Wilhelm (Hrsg.): Werksausgabe VII, Suhrkamp Verlag, Frankfurt/Main 1974.

30 Kołakowski Leszek: Falls es keinen Gott gibt. Die Gottesfrage zwischen Skepsis und Glaube, Gütersloher Verlagshaus, Gütersloh 2008.

Manchmal betonen Menschen auch ihre besondere Einsatzbereitschaft und sagen: „Ich tue alles, was ich kann“, ohne sich bewusst zu sein, dass es für jeden Menschen relativ leicht möglich ist, etwas zu tun, was für andere Menschen durchaus nicht gut und wünschenswert erscheint: zu lügen, auf den eigenen Vorteil bedacht zu sein, Neid zu erregen, andere gering zu schätzen, Bemühungen anderer zu übersehen oder schlecht zu machen, usw. Kein Mensch soll also alles tun, was er tun kann.

Dass z.B. die 10 Gebote und insbesondere die 7 Gebote der zweiten Tafel, die auf das Verhalten der Menschen untereinander bezogen sind, den Menschen das Zusammenleben erleichtern und zu ihrem Wohlbefinden beitragen sollen, ist aus der Formulierung des ersten Gebotes der zweiten Tafel, dem insgesamt vierten Gebot, zu ersehen: „Ehre deinen Vater und deine Mutter, damit du lange lebest in dem Land, das der Herr, dein Gott, dir gibt“ (Ex 20,13).

In der modernen Zeit hat es den Anschein, dass moralisches Verhalten mit Dummheit gleichgesetzt wird und die Menschen in den modernen Gesellschaften ein tugendhaftes Verhalten eher vermeiden, weil sie „nicht die Dummen sein“ wollen, sodass der französische atheistische Philosoph Comte-Sponville seine Tugendlehre als „Anleitung zum unzeitgemäßen Verhalten“ bezeichnet hat.[31] Besondere Beachtung für die praktische Bedeutung von Tugenden haben auch folgende zwei Ansätze: Zum einen, dass viele Tugenden als Balance-Akte zwischen zwei Lastern gesehen werden können und zum anderen, dass manche Tugenden als Hilfen im Alltag für die Verwirklichung von Großtugenden gelten, wie Höflichkeit, Bescheidenheit, Demut als Stützen für Gerechtigkeit und Liebe.

31 Comte-Sponville André: Ermutigung zum unzeitgemäßen Leben. Ein kleines Brevier der Tugenden und Werte, Rowohlt Verlag, 2. Auflage, Reinbek 2001.

Der deutsche Philosoph Markus Gabriel hat in seinem Buch „Moralischer Fortschritt in dunklen Zeiten“, einerseits fundiert darauf hingewiesen, dass „moralischer Fortschritt in dunklen Zeiten möglich ist“, auch wenn er dabei betont, dass die „Herkulesarbeit“, ein „System der Ethik für das 21. Jahrhundert zu entwickeln“ noch zu leisten ist und richtet andererseits an uns alle, (insbesondere aber an alle Verantwortungsträger) den Appell, sich am „Projekt einer neuen Aufklärung zu beteiligen“.[32] Dieses Projekt einer neuen Aufklärung besteht vor allem darin, „die moralisch verwerflichen Handlungen in den letzten beiden Jahrhunderten der Moderne“ zu erkennen, sich die Fehler einzugestehen und ein neues (weltweit wirksames) Verhalten zu entwickeln, das alle menschlichen Fähigkeiten (nicht nur die Vernunft) aktiviert und einsetzt. Es gibt kein „Ende der Geschichte“. Wir haben es in unserer Hand, „das Richtige zu tun“ und „weil es kein Anderswo gibt“, nach Corona die Gesellschaft so zu gestalten, wie es einer „Menschheit“ als „globaler Schicksalsgemeinschaft“ entspricht.

Wir alle gestalten die Zukunft, ob wir uns dessen bewusst sind oder nicht. Wenn Markus Gabriel recht hat und ein moralischer Fortschritt der Menschen – selbst in dunklen Zeiten – möglich ist, dann ist es unsere zentrale Aufgabe, an diesem Fortschritt entschlossen und dauerhaft zu arbeiten. Sowohl als Einzelne als auch in (vernetzten) Gemeinschaften und als Gesellschaften und (werdende) Weltgesellschaft bauen wir die Zukunft der Menschheit auf oder auch nicht. Die Macht der Vielen wird die Zukunft gestalten, hoffentlich in Richtung auf einen moralischen Fortschritt der Menschheit hin.

---

32 Gabriel Markus: Moralischer Fortschritt in dunklen Zeiten. Universale Werte für das 21. Jahrhundert, Ullstein Verlag, 5. Auflage, Berlin 2020, S. 343 f.

1.3. Was darf ich hoffen?

Kant hat diese Frage „die Frage nach der Religion" genannt und diese relativ kurz im Beitrag „Die Religion innerhalb der Grenzen der bloßen Vernunft" behandelt.[33] Dieser Hoffnungsschwerpunkt der Religion ist ein besonderes Kennzeichen der christlichen Religion, wie aus dem Beschluss der gemeinsamen Synode der Bistümer in der Bundesrepublik Deutschland deutlich wird.[34] Im Kontrast dazu steht die Haltung vieler nüchterner moderner Menschen, die ihre Hoffnungen auf das einschränken, was sie sich selbst schaffen können, um nicht enttäuscht zu werden: Die Eigentumswohnung und die Einbauküche, den Mittelklassewagen, den jährlichen Urlaub (im Winter und im Sommer) u.ä. Diese tendenzielle Hoffnungsarmut, um nicht zu sagen Hoffnungslosigkeit, wird noch durch eine resignative Lebenshaltung vieler Menschen begleitet, die sich aus Aussagen, wie: „Der Einzelne kann da nichts machen"; „die da oben machen sowieso, was sie wollen"; „die internationale Finanzwirtschaft ist vom kleinen Mann nicht zu durchschauen" ersehen lässt. Die Dimension „Glück" wird auf das selbst geschaffene Glück eingeschränkt. Im Laufe der (europäischen) Geschichte kennen wir sehr verschiedene Ansätze, wie die Menschen geglaubt und versucht haben, glücklich zu werden.

Das Leben der Menschen ist geprägt von den unterschiedlichen Wünschen, Träumen, Utopien, die sie entwickeln. Ein Mensch, der

---

33 Kant Immanuel: Die Religion innerhalb der Grenzen der bloßen Vernunft, in: Weischedel Wilhelm (Hrsg.): Immanuel Kant: Die Metaphysik der Sitten, Werksausgabe Band VIII, Suhrkamp Verlag, Frankfurt/Main 1977.

34 Metz Johann Baptist: Mystik der offenen Augen. Wenn Spiritualität aufbricht, Herder Verlag, Freiburg/Basel/Wien 2011, S. 221 ff.

keine Hoffnungen hat, ist nicht nur ein hoffnungsloser Mensch, er wird auch seine Umgebung entsprechend mitprägen. Deshalb ist es von großer politischer, wirtschaftlicher und gesellschaftlicher Bedeutung, dass alle Gesellschaftsmitglieder – vor allem die jungen Menschen – Freude am Leben, Freude an der Arbeit und im Beruf, Interesse an Bildung, Politik und Gesellschaftsgestaltung und nicht – vor allem nicht durch unnotwendige bürokratische Schikanen – demotiviert werden. Freilich werden auch eine entsprechende Belastbarkeit notwendig und die Fähigkeit, Ressourcen und Netzwerke zu mobilisieren und neue Sinnstrukturen zu entwickeln, gefragt und aufzubauen sein.

Verschiedene Theologen, aber auch viele Philosophen haben sich mit den sogenannten göttlichen Tugenden, Glaube, Hoffnung, Liebe, auseinandergesetzt und immer wieder betont, dass – der Bibel entsprechend – die größte unter ihnen die Liebe ist.[35]

Wir wollen im Folgenden dem Hoffnungsaspekt der christlichen Religion, wie er aus den Beschlüssen der deutschen Synode zu sehen ist, nachgehen: Einleitend geben die Bischöfe Rechenschaft über die christliche Hoffnung als Aufgabe der Kirche und stellen im ersten Teil acht zentrale Hoffnungen dar, für die sie einen Auftrag „in dieser Zeit und für diese Zeit zu verantworten“ haben und bei denen alles „auf die Einheit von Sinn und Tun, von Geist und Praxis“ abzielt, „damit sich das Zeugnis der Kirche in eine Einladung zur Hoffnung verwandle“.[36]

1) Grund der christlichen Hoffnung ist der Glaube an Gott;
2) Die christliche Hoffnung ist Jesus Christus;

---

35 Halík Tomáš: Ich will, dass du bist. Über den Gott der Liebe, Verlag Herder, 2. Auflage, Freiburg/Basel/Wien 2016.
36 Metz Johann Baptist, a.a.O., S. 223 ff.

3) Es gibt eine Auferweckung der Toten, weil „diese Frage nach dem Leben der Toten zu vergessen und zu verdrängen“[37]*, zutiefst inhuman ist;*

4) Es gibt ein Gericht als Erwartung des endzeitlichen Gerichts über unsere Welt und ihre Geschichte, das die Kirche selbst vor den Mächtigen dieser Erde häufig zu leise und zu halbherzig vertreten hat;

5) Die Christen hoffen auf die Vergebung der Sünden, eine Hoffnung, die in einer Gesellschaft, „die sich von dem Gedanken der Schuld selbst immer mehr freizumachen sucht“[38]*, schwer zu entwickeln ist;*

6) Die Christen hoffen auf das Reich Gottes, das sich nicht als quasi-esoterische Hoffnung im Jenseits, sondern als Verheißung versteht, dass dieses Reich schon angebrochen ist und sich in unserer Lebenswelt, in Wissenschaft und Technik und in den großen sozialen und politischen Wandlungen verwirklichen kann;

7) Die Christen bejahen die Schöpfung, was eine Zustimmungsbereitschaft zur Welt einschließt, aber keine kritiklose Bejahung der bestehenden Verhältnisse bedeutet, sondern eine Gestaltung der Lebenswelt erfordert, in der nicht die Naturbeherrschung im Mittelpunkt steht, sondern die menschliche Fähigkeit zu feiern und zu trauern;

8) Die Christen hoffen auf die Gemeinschaft der Kirche, eine Hoffnung, die nicht das Reich Gottes mit der Kirche verwechselt, sondern Kirche als Gemeinschaftsform des pilgernden Gottesvolkes versteht.

---

37 Metz Johann Baptist, a.a.O., S. 229.

38 Metz Johann Baptist, a.a.O., S. 232.

Was darf
ich hoffen?

Im zweiten Teil setzte sich die deutsche Synode mit der Frage auseinander, wie und von wem Zeugnis von dieser Hoffnung abgelegt werden soll. Zunächst stellte die Synode fest, dass das Milieu, in dem Zeugnis von dieser Hoffnung abgelegt werden soll, „nicht mehr die Situation einer religiös geprägten Gesellschaft“ ist. Dann fragte die Synode: „Ist unser kirchliches Leben geprägt vom Geist und der Kraft dieser Hoffnung?“[39] und stellte selbstkritisch fest: „Die Welt“ braucht keine Verdopplung ihrer Hoffnungslosigkeit durch Religion“, sondern als „Gegengewicht, die Sprengkraft gelebter Hoffnung“[40].

Zuletzt betonte die deutsche Synode im Teilkapitel: „Das Volk Gottes als Träger der Hoffnung“: „Alle sind auf dieses Zeugnis lebendiger Hoffnung in der Nachfolge Jesu verpflichtet“, weil alle „zur Gemeinschaft der Glaubenden, befähigt und geführt durch den Geist Gottes, den er seiner Kirche verheißen hat“[41] (vgl. Joh 14,26; Röm 8,14,26), gerufen sind.

Im dritten Teil des Beschlusses der gemeinsamen Synode der Bistümer in der BRD werden aus den vielen Wegen kirchlicher Erneuerung folgende Hauptwege herausgestellt: Armut, Freiheit und Freude, denen der Gehorsam Jesu als „das zentrale Thema der Nachfolge vorangestellt“[42] ist.

Im vierten und letzten Teil des gemeinsamen Beschlusses der Synode wird als deutsche Teilkirche der Gesamtkirche gefragt, welche „besonderen Sendungen und Verpflichtungen“[43] unsere Kirche in

---

39 Metz Johann Baptist, a.a.O., S. 243.

40 Metz Johann Baptist, a.a.O., S. 244.

41 Metz Johann Baptist, a.a.O., S. 245.

42 Metz Johann Baptist, a.a.O., S. 247.

43 Metz Johann Baptist, a.a.O., S. 253.

der Bundesrepublik im Dienste an der Gesamtkirche und an der Gesamtgesellschaft hat und werden folgende vier Aufgaben betont und begründet:

1. *Für eine lebendige Einheit der Christen.*
2. *Für ein neues Verhältnis zur Glaubensgeschichte des jüdischen Volkes.*
3. *Für die Tischgemeinschaft mit den armen Kirchen.*
4. *Für eine lebenswürdige Zukunft der Menschheit.*

Heute besteht der allgemeine Eindruck, dass die Verwirklichung der Beschlüsse der gemeinsamen Synode der Bistümer in der BRD – aus welchen Gründen immer – nicht ausreichend gelungen ist und auch eine notwendige Reform der Katholischen Kirche „von oben" nicht verwirklicht wurde, sodass eine Basisbewegung „von unten" aufgebaut werden muss, damit in der Kirche Deutschlands – und in entsprechender Weise auch anderswo – die Kirche reformiert werde und die vier gestellten Aufgaben erfüllt werden. Zu fragen ist:

1. **Was kann jeder tun, damit eine lebendige Einheit der Christen entsteht? Sind nicht zu viele lahm und blind geworden und leben nicht mehr als lebendiger Mensch in Kirche und Gesellschaft?**
2. **Wie sieht ein neues Verhältnis zur Glaubensgeschichte des jüdischen Volkes und zum jüdischen Volk insgesamt aus? Wagen wir auch eine Correctio fraterna, eine geschwisterliche Kritik oder sind wir still, wenn andere sich – in unseren Augen – falsch verhalten? Was sind unsere Gründe für ein solches Verhalten?**

3. **Wie soll eine Tischgemeinschaft mit den armen Kirchen ausschauen? Welche Einstellung haben wir zu den Menschen und Kirchen in armen Ländern? Behandeln wir sie als gleichberechtigte Geschwister?**

4. **Wie sieht eine lebenswürdige Zukunft der Menschheit aus? Welche Veränderungen in den Lebensstilen der Einzelnen und der Gemeinschaften sind notwendig? Brauchen wir einen neuen Geist, der die bestehenden Selbstzerstörungskräfte in der Welt erkennt und daraus verwirklichbare Konsequenzen zieht?**

Max Weber hat am Beispiel der protestantischen Ethik und der modernen Wirtschaftsgesinnung Zusammenhänge zwischen Religion und alltäglicher Lebensweise aufgezeigt[44] und die Beschäftigung mit der sozialen Prägekraft von Religion (oder ihrem Fehlen) ist – so gesehen – kein Sonderinteresse eines Soziologen, sondern stellt Grundfragen unserer Lebensmöglichkeiten heute und morgen in weltweiter Verknüpfung dar. Daher kommt der Beantwortung der Frage: „Was darf ich hoffen?“ größte individuelle und kollektive Bedeutung zu.

Kant war sich der wechselseitigen Beziehungen der drei Fragen: „Was kann ich wissen?“, „Was soll ich tun?“ und „Was darf ich hoffen?“ bewusst und betonte, dass jeder Mensch durch sein Leben eine existentielle Antwort auf diese drei Fragen gibt, unabhängig davon, ob er diese Fragen kennt oder nicht. Dem ist zuzustimmen, aber es stellt sich trotzdem die Frage: Wie wird der Mensch

44 Weber Max: Die protestantische Ethik und der Geist des Kapitalismus, in: Weber Max: Die protestantische Ethik, Siebenstern Taschenbuchverlag, München/Hamburg 1965.

Mensch? Oder kann das, was der Mensch ist und immer wieder wird, durch Gestaltung seines Lebens beeinflusst werden?

Konkretisiert auf die Frage „Wer bin ich eigentlich?", heißt das: Ich muss mich gleichzeitig fragen:

1. **Wer bin ich als einmaliger, unverwechselbarer Einzelner?[45] Kenne ich mich selbst? Dringe ich in mein tiefstes Inneres, meine Ipseität ein, kenne ich meine geheimen Wünsche?**
2. **Wer bin ich als Mitglied der verschiedenen Gruppen, zu denen ich gehöre und für welche anderen Gruppen-Mitglieder kann und will ich im Bedarfsfall einspringen?**
3. **Welche Aufgaben, Sehnsüchte, Verpflichtungen habe ich als Teil einer bestimmten Gesellschaft? Was habe ich von dieser Gesellschaft erhalten, was brauche ich von ihr heute und morgen und was alles bin ich im Normalfall und was in Krisenzeiten bereit, zum Gesamtwohl beizutragen?**
4. **Zugleich sind wir auch als Einzelne, Gruppen und Gesellschaften Teil der Weltgemeinschaft und müssen uns fragen: Wer bin ich als Weltbürger, als Einzelner, Gruppenmitglied und Angehöriger einer bestimmten Gesellschaft?**
5. **Außerdem sind wir auch noch Teil des Kosmos und müssen uns fragen: Welche Aufgaben und Verpflichtungen haben wir dem Kosmos gegenüber, was dürfen wir bzw. müssen wir tun und was haben wir zu unterlassen?**

---

45 Levinas Emmanuel: Außer sich. Meditationen über Religion und Philosophie, Carl Hanser Verlag, München, Wien 1991.

Schon bevor sich ein Mensch diese Fragen stellt, fühlt er sich in manchen Situationen hin und her gerissen, wie der Ausdruck: „Zwei Seelen wohnen ach in meiner Brust“ sagt. Um wie viel komplizierter und gefährlicher können Situationen noch werden. Hölderlin tröstet: „Wo aber Gefahr ist, wächst das Rettende auch.“[46]

Das 20. Jahrhundert mit seinen Grausamkeiten, vor allem im Holocaust und im Gulag, aber auch in den vielen Massakern in sogenannten Dritte-Welt-Ländern hat gezeigt, was alles an einbekannten und nicht einbekannten Brutalitäten physischer, psychischer, sozialer und spiritueller Art möglich ist. Es ist an der Zeit, dass sich die Menschen als Einzelne, Gruppen und Gesellschaften dieser Situation bewusst werden, diese Verhaltensweisen als Fehlverhalten erkennen und entschieden und nachhaltig an entsprechenden individuellen und kollektiven Verhaltensänderungen arbeiten. Dabei wird es vor allem darauf ankommen, möglichst viele Menschen innerlich zu überzeugen und sie zu einem friedlichen und entschlossenen menschenfreundlichen Verhalten auf allen gesellschaftlichen Ebenen und in jedem Bereich – immer wieder – zu veranlassen. Dabei wird der Überwindung der Ängste größte Bedeutung zukommen, denn Angst kann ein guter Warner sein, ist aber in der Regel ein schlechter Ratgeber.

46 Hölderlin Friedlich: Patmos (Dem Landgrafen von Hamburg), in: Hölderlin Friedrich: Gesammelte Werke, Kleins Druck- und Verlagsanstalt, Lengerich 1959, S. 270.

Wie werde ich Mensch?

2. Wie werde ich Mensch?

Diese Frage wollen wir „die Frage nach der Humanität" nennen und glauben, dass wir für die Beantwortung dieser Frage aus Erfahrungen der Traditionellen Europäischen Medizin (TEM) lernen können, obwohl es auch viele andere Ansätze der Humanisierung von Menschen gibt. An anderer Stelle habe ich mich mit der Traditionellen Europäischen Medizin in Abgrenzung vor allem gegenüber „fernöstlichen Heilkunst-Ansätzen" beschäftigt.[47] Hier werden die sechs Bereiche kultivierter Lebensführung[48] in ihrer ganzheitlichen Wirkung als Zusammenspiel von physischen, psychischen, sozialen und spirituellen Aspekten dargestellt.

Hilfreich für eine gelingende Mensch-Werdung ist auch eine ehrliche Stärken-Schwächen-Analyse, die für Einzel-Menschen üblich ist und auch häufig praktiziert wird. Vergleichbare Analysen auf Gruppen- und Gesellschafts-Ebene und vor allem weltweit stehen bisher aus, sind aber dringend erforderlich.

Als letztes Teil-Kapitel soll eine perspektivische Sicht der Mensch-Werdung im Anschluss an die Fragen-Trilogie von Kardinal König gegeben werden und eine mögliche Sinn-Findung angedeutet werden.

---

47 Zapotoczky Klaus: Zur Bedeutung „fernöstlicher Heilkunst" für das Wohlbefinden, in: Zapotoczky Klaus, Wintgen-Samhaber Irmgard (Hrsg.): Fernöstliche Heilkunst: Mode / Trend / Hilfe?, Bacopa Verlag, Schiedlberg 2007, S. 203 ff.

48 Ridder Paul: Einführung in die Medizinische Soziologie, Verlag B. G. Teubner, Stuttgart 1988, S. 190.

2.1. Der Beitrag der TEM zur Mensch-Werdung.

Die Traditionelle Europäische Medizin wurde von den Griechen grundgelegt und ist in latinisierter und christlich beeinflusster Form an uns überliefert worden. Die Bereiche der TEM waren eingebettet in die vier Säfte-Lehre des Galenus, die noch zur Zeit von Paracelsus (1453-1541) in hohem Ansehen stand und etwa von namhaften Ärzten in Basel und Zürich vertreten, von Paracelsus aber abgelehnt wurde. Der herrschenden Schulmedizin, die auf der Humoralpathologie aufbaute, stellte Paracelsus „eine erfahrungsbezogene und zugleich spekulativ-spirituelle Ganzheitsmedizin“ entgegen.[49]

In der praktischen ganzheitlichen Gesundheitsarbeit wird die vier Säfte-Lehre durchaus noch immer beachtet. Siegfried Wintgen hat die Vier-Säfte-Lehre mit der europäischen Vier-Elemente-Lehre verknüpft dargestellt und zugleich die Elemente auf der Substanz- und Energie-Achse platziert,[50] wie nachstehende Grafik zeigt.

Heute hat die ganzheitliche Lebensgestaltungsmethode wieder an Bedeutung gewonnen. Menschen haben – im Laufe ihres Lebens unterschiedliche – vielfältige Bedürfnisse, die als Ausgangspunkte für die Mensch-Werdung verstanden werden können, aber auch selbst gewählte Ziele, Wünsche und anderes beeinflussen die konkreten Lebensgestaltungen.

49 Meier Pirmin: Paracelsus. Arzt und Prophet. Annäherungen an Theophrastus von Hohenheim, Ammann Verlag, 5. verbesserte Auflage, Zürich, 2001, S. 10.

50 Wintgen Siegfried, Webersberger Regina: Traditionelle Europäische Medizin. Das große Praxisbuch der westlichen Heilkunst, Kneipp Verlag, Wien 2015, S. 20.

Die Positionen der vier Elemente

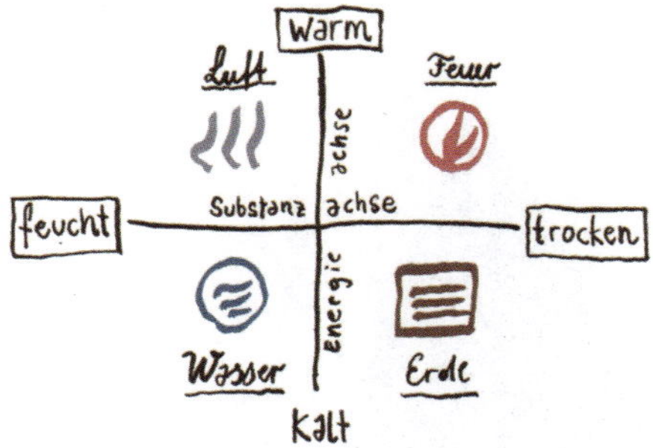

Die sechs Bereiche „kultivierter Lebensführung“, wie Paul Ridder die lateinisch bezeichneten Aspekte nennt,[51] werden nachstehend behandelt und sollen hier unter vier Dimensionen gesehen werden.

1. Aer: Atmen, Geist, Spiritualität.

Im alltäglichen Leben geht das Atmen quasi automatisch vor sich, aber in besonderen Lebenssituationen, bei der Geburt, bei Atemwegserkrankungen, bei besonderen seelischen Belastungen u.a. sind rein physisch entsprechende Atemübungen äußerst nützlich. Aber auch besondere Leistungen, z.B. von Musikern und Sportlern sind ohne eine entsprechende Atemtechnik nicht möglich.

Im psychischen und sozialen Bereich sprechen wir davon, dass „dicke Luft herrscht“ oder einem in bestimmten Situationen „die Luft ausgeht“ oder man einen „langen Atem“ braucht. Im spirituellen Bereich wurde immer wieder versucht, das Denken der Menschen in bestimmte Bereiche zu lenken, Denk-Richtungen vorzugeben und „Linientreue“ zu fordern. Trotzdem mussten sich immer wieder auch sehr Mächtige eingestehen, dass der Geist weht, wo er will.

---

51 Ridder Paul, a.a.O., S. 190.

NEED
AER
Cibus et Potus
Motus et quies
Somnus et vigilia
Excreta et secreta
Affectus animi

2. ***Cibus et Potus*****:** Speise und Trank, Ess- und Trinksitten.

Abraham Maslow hat bei seiner Darstellung der Bedürfnisse der Menschen zunächst auf die Defizit-Bedürfnisse und unter ihnen auf die Existenzbedürfnisse hingewiesen.[52] Tatsächlich bedürfen die Menschen der Nahrung für das physische Überleben und es gibt viele Darstellungen, wovon sich Menschen in besonderen Notsituationen ernährt haben, um zu überleben. Wir kennen aber zugleich auch viele Darstellungen, wie Menschen gemeinsam gegessen und getrunken haben und viele Speisevorschriften, welche Speisen und Getränke vermieden werden sollten oder überhaupt verboten waren. Mit manchen Menschen pflegten und pflegen die Menschen keine Tischgemeinschaft oder lehnen es ab, eine entsprechende Einladung anzunehmen. In allen Gesellschaften hat das rituelle gemeinsame Essen auch eine spirituelle Bedeutung und wird zu manchen Zeiten oder bei manchen Gelegenheiten gefastet.

Bedürfnispyramide nach Maslow

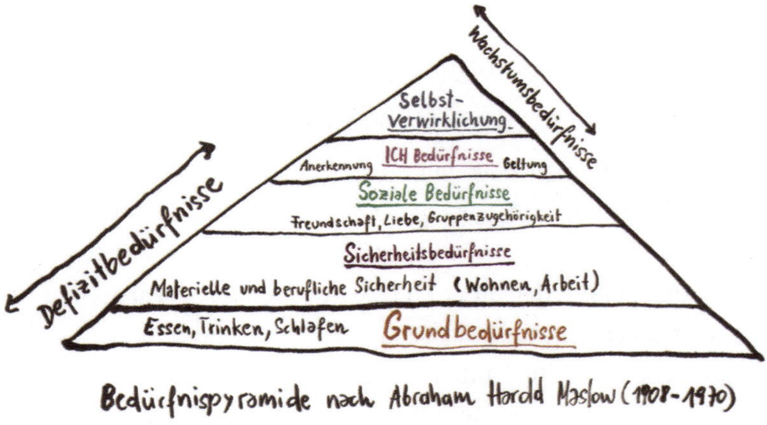

52 Maslow Abraham H.: Motivation und Persönlichkeit, Rowohlt Verlag, Reinbek 1981.

Wir kennen verschiedene Redensarten, die zeigen wie die vier Dimensionen: physisch, psychisch, sozial und spirituell verknüpft sind bzw. aufeinander einwirken. Wir sagen z.B. „Liebe geht durch den Magen“, was Unterschiedliches bedeuten kann. Manche verliebte Köchinnen wollen ihren Freund mit köstlichen Speisen verwöhnen oder auch „einkochen“. Es kann aber auch meinen, dass es bei der Liebe vor allem auf das Bauchgefühl und weniger auf rationales Kalkül ankommt.

Wir sagen aber auch: „Mit diesem (diesen) Menschen setze ich mich nicht an einen Tisch“. Dies kann sowohl einen Hinweis auf übliche gesellschaftliche Differenzierungen in Stände und Kasten darstellen, die lange Zeit verschiedenste Gesellschaften charakterisierten, als auch die persönliche Ablehnung mancher unliebsamer Zeitgenossen bedeuten.

Es gibt bzw. gab auch die Institution einer „Trennung von Tisch und Bett“, wenn sich katholische Eheleute auseinander gelebt hatten, sich zwar nicht scheiden lassen konnten, aber getrennt gelebt haben.

3. ***Motus et quies***: Bewegung und Ruhe, Beweglichkeit und Starrheit.

Sich zu bewegen, sich bewegen zu lassen, Bewegungen anzugehören und geistig-geistlich bewegt zu sein ist für jeden Menschen lebenswichtig. Bewegung zu machen ist zunächst eine Art Selbstverständlichkeit, die jeder praktiziert. Mit der Modernisierung und Quasi-Vereinfachung unserer Lebensstile wird die bewusste Gestaltung der Lebensvollzüge immer wichtiger, wie aus der Tatsache zu ersehen ist, dass – nach Berichten – Immanuel Kant seinen täglichen Lebensvollzug gewohnheitsmäßig so exakt vollzogen hat, dass die Menschen nach seinen Spaziergängen die Uhr stellen konnten.

Heute bewegen wir uns schon physisch nicht mehr in gewohnter und selbstverständlicher Weise, sondern planen oft jeden Tag anders und nehmen uns Bewegungszeiten vor, weil wir für viele Lebensvollzüge Verkehrsmittel benützen und Gehen eher vermeiden. Wir immunisieren uns aber auch gegen psychisch belastende Eindrücke, indem wir z.B. den Fernseher abschalten, Berichten nicht glauben und es überhaupt lernen, wegzusehen. Auch viele soziale Bewegungen, politische und wirtschaftliche Gruppen werden verteufelt und jede Kommunikation mit solchen Gruppen vermieden. Auch im geistig-geistlichen Bereich geht die Tendenz dahin, in den jeweiligen eigenen Kreisen zu bleiben und sich von neuen Tendenzen nicht beunruhigen oder bewegen zu lassen.

Der (die) Einzelne muss es lernen, sich zunächst physisch beweglich zu erhalten bzw. eine entsprechende Beweglichkeit durch Übungen, z.B. Gymnastik, wiederzuerlangen. Allein gelingt dies vielen nur schwer, sodass es günstig sein kann, sich entsprechenden Gruppen, z.B. in Turnvereinen, anzuschließen.

Aber auch im psychischen Bereich ist eine entsprechende Beweglichkeit, z.B. Offenheit für neue Ideen, wichtig und wirkt einer – in der Regel einseitigen – Fixierung auf bestimmte Ansichten entgegen. Dies ist oft mit sozialen Aspekten verknüpft, weil manche Ansichten von bestimmten (meist geschlossenen) Gruppen vertreten werden, die verschiedenen populistischen Führern folgen. Besonders bedeutsam können solche Gruppen dann werden, wenn sie ihre Legitimation auf spirituelle Gründe zurückführen, ihre Positionen sakralisieren und ihr Handeln auf die Erfüllung eines Willens Gottes zurückführen. Solchen fundamentalistischen Gruppen kommt heute weltweit eine große Bedeutung zu, weil sich ihre Anhänger manchmal auch terroristischer Mittel bedienen und ein Widerstand gegen sie heute zugleich besonders wichtig und schwierig ist. Die bisherigen Methoden einer Terrorismusbekämpfung sind ebenso (menschenrechtlich) fragwürdig wie wenig wirksam. Neue Ansätze sind dringend erforderlich. Alfred Rammer hat uns die Augen geöffnet für den unsichtbaren Fundamentalismus heute und sollte von mehr Menschen ernst genommen werden.[53]

4. ***Somnus et Vigilia*:** Schlafen und Wachen, Schläfrigkeit und Wachheit.

Die Bedeutung des Schlafes für das Wohlbefinden der Menschen ist in jüngster Zeit vermehrt Gegenstand von wissenschaftlichen Untersuchungen. In der Psychoanalyse war die Analyse von Träumen und auch die Methode der Hypnose, also eines „Künstlich-in-Schlaf-Versetzens" häufig geübte medizinische Praxis. Aber auch im Volksmund war das „Überschlafen" von schwierigen Problemen eine ständige Praxis und diente insbesondere dazu, überhastete Spontan-Entscheidungen zu vermeiden.

Artikel 5 der Allgemeinen Erklärung der Menschenrechte deklariert das Verbot der Folter[54] und der systematische Schlafentzug zählt zu den verbotenen Foltermethoden. Zugleich wird es als selbstverständlich angesehen, dass sich etwa junge Eltern um ihr krankes kleines Kind viele Tage hindurch Tag und Nacht kümmern und so kaum jemals ruhig durchschlafen können.

Der Schlaf ist aber nicht nur für die physische Regeneration aller Organe und des ganzen Menschen wichtig, auch für die psychische Gesundheit ist er von größter Bedeutung. Viele psychische Erkran-

---

53 Rammer Alfred: Der unsichtbare Fundamentalismus. Sozialformen des Fundamentalismus in säkularisierter Gesellschaft, Trauner Verlag, Linz 2006.

54 Allgemeine Erklärung der Menschenrechte, illustriert von Michel Streich, Albrecht Knaus Verlag, München 2008.

kungen sind von Schlafstörungen verschiedenster Art begleitet. Probleme, die Menschen belasten, Sorgen, für die die Betroffenen keine praktikable Lösung finden, können Menschen so belasten, dass sie Tag und Nacht mit diesen Sorgen beschäftigt sind und nicht schlafen können.

Auch für die soziale Entwicklung von Kindern und Jugendlichen ist es wichtig, dass sie es lernen, bei Freunden außerhalb der elterlichen Wohnung zu übernachten und entsprechende Hemmungen und Ängste rechtzeitig abzubauen. Gleichzeitig ist ein Ausgeschlafen-Sein für die Konzentration auf wichtige Arbeiten von großer Bedeutung, wie z.B. aus den neuen Arbeitszeitregelungen für Ärzte EU-weit ersichtlich ist. Das Sich-Konzentrieren-Können hängt aber auch von anderen Faktoren ab und kann durch (Arbeitszeit-) Regelungen allein nicht gesichert werden. Solche äußere Regelungsmechanismen müssen von intrinsischer Motivation begleitet werden.

Auch im spirituellen Bereich ist eine entsprechende Wachheit wichtig und bedarf entsprechender Einübung, was aus Toten-Wachen und nächtlichen Gebetsstunden zu ersehen ist. Auch Jesus hat seine Jünger – dem Bericht des Evangelisten Lukas folgend – aufgefordert: „Wie könnt ihr schlafen? Steht auf und betet, damit ihr nicht in Versuchung geratet“ (Lk 22,46). Die Jünger waren sich offensichtlich der Dramatik der Situation nicht bewusst, wie aus dem späteren Fehlverhalten des Petrus bei der Gefangennahme Jesu zu sehen ist. Auch wenn Menschen – aus welchen Gründen immer – ein schlechtes Gewissen haben, können sie häufig nicht schlafen.

Heute – in einer sich demokratisierenden Welt – ist die Wachheit aller (besonders vieler) Menschen für die weltweiten Erfordernisse, insbesondere des Klimawandels und internationaler und sozialer Gerechtigkeit, und die Verlebendigung der kreativen Ressourcen möglichst vieler für eine menschenwürdige Zukunft entscheidend.

5. ***Excreta et Secreta*: Ausscheidung und Bei-Sich-Behalten; Preisgabe und Geheimnis.**

Die physische Bedeutung unserer Verdauungsorgane und die damit verbundenen vielfältigen physiologischen Prozesse sind erst zum Teil bekannt und die Forschung erzielt immer noch neue Erkenntnisse. Ähnlich ist es mit den Körperflüssigkeiten und ihren Eigenheiten. Vieles ist erforscht, aber alle Zusammenhänge sind noch nicht bekannt.

Auch im psychischen Bereich gibt es sehr unterschiedliche Verarbeitungsmechanismen. Wie ein Problem von Menschen verarbeitet werden kann, hängt vor allem von den jeweiligen Situationen, den beteiligten Personen und ihren Beziehungen zueinander und von den Resilienzkräften, die die Personen im Augenblick zur Verfügung haben, ab. Manches ist unter manchen Bedingungen nur schwer und oft ganz anders als erwartet zu „verdauen". Meistens spielen auch die jeweiligen sozialen Situationen, Gruppenphänomene und die Regelungen oder Nicht-Regelungen früherer Konflikte eine nicht unbedeutende Rolle. Insbesondere ist vermeintlicher oder tatsächlicher Geheimnisverrat von großer Wichtigkeit und ist ein Sich-Preisgegeben-Fühlen von entscheidender Bedeutung. Hoffnungslosigkeit und Depression können die Folge sein.

Im spirituellen Bereich spielen Zweifel häufig eine große Rolle für die betroffenen Menschen und können Selbstsicherheit und Selbstwertgefühl stark in Mitleidenschaft gezogen werden. Wenn die Menschen – meist in jungen Jahren – die Vermittlung von Vertrauen erfahren haben, eine Art Ur-Vertrauen entwickelt haben, sind sie deutlich belastbarer und resilienter als Menschen in vergleichbaren Situationen, denen solche Vertrauenserfahrungen fehlen.

6. ***Affectus animi*:** Gefühlsbewegungen, Werthaltungen.

Verschiedene Gefühlsbewegungen können unmittelbare körperliche Auswirkungen haben. Ausdrucksweisen wie „das bricht mir das Herz“; „das liegt mir im Magen“; „das schnürt mir die Kehle zu“; bringen diese Zusammenhänge drastisch zum Ausdruck; und wir kennen Beispiele, wie Menschen – ohne ersichtliches Krankheitsbild – „eingegangen“ sind oder auch ein plötzliches, unvorhergesehenes freudiges Ereignis zu einem tödlichen Herzinfarkt geführt hat.

Der psychosomatische Krankheitsansatz und das neue Verständnis von Gesundheit als umfassendes physisches, psychisches und soziales Wohlbefinden, wie es in der Gesundheitsdefinition der WHO von 1948 zum Ausdruck kommt, haben die Wichtigkeit dieser Aspekte bewusst gemacht und dazu beigetragen, dass sie weltweit mehr beachtet werden. Trotzdem wurden und werden Werteerziehung und Gefühlsmanagement im Vergleich zur Bildung der kognitiven Fähigkeiten der Menschen im gesamten Bildungssystem eher stiefmütterlich behandelt, was auf die Betonung der Vernunft im Prozess der Aufklärung (überall in Europa) zurückzuführen ist, worauf ich in anderem Zusammenhang aufmerksam gemacht habe.[55]

Erstrebenswert scheint es mir, dass jeder Mensch eine ausgewogene Balance aller seiner Fähigkeiten, insbesondere aber zu einer Ausgewogenheit seiner Gefühle findet und die positiven Fähigkeiten, die seine Stärken sind, entsprechend zur Entfaltung bringt. Dafür ist eine dauernde Einübung wichtig. „Übung macht den Meister“ heißt es in vielen Zusammenhängen. Im Gefühlsmanagement ist sie von größter Bedeutung, weil heute Unterdrückungs- und Verdrän-

55 Zapotoczky Klaus: Zur unvollendeten Aufklärung, in: Zapotoczky Klaus, Pracher Christian, Strunz Herbert (Hrsg.): Gemeinschaft und Engagement. Eckpfeiler zum Weiterdenken, Mercur Verlag, Wien/Berlin 2017, S. 95 ff.

gungsmechanismen aus den verschiedensten Gründen am Werk sind. Das Benennen solcher Defizite ist ein erster Schritt,[56] genügt aber bei weitem nicht, praktische Wege müssen aufgezeigt und vorbildhaft gegangen werden. Jeder kann ein Vorbild sein und werden.

Der französische Philosoph André Comte-Sponville hat zu einem tugendhaften Verhalten aufgefordert. Ein solches Verhalten gehört einerseits zu den Menschen und trägt andererseits dazu bei, mit den eigenen Gefühlen und denen der anderen Menschen umgehen zu lernen. Dazu gehört auch sich rechtzeitig zu wehren, wenn einen etwas an anderen Menschen stört, entsprechend der Aussage: „Der erste Streit ist der beste." Sehr problematisch kann eine Haltung werden, die immer wieder vieles „hinunterschluckt" und nichts unternimmt, bis eines Tages – meist im ungünstigsten Moment – der Kragen platzt und unkontrollierte, beleidigende Aussagen erfolgen, die lange Zeit die zwischenmenschliche Atmosphäre belasten. Aber wer ist so fehlerlos, dass er oder sie den ersten Stein zu werfen wagte und letztlich unversöhnlich bleiben könnte. Selbstschädigung wäre die Folge und die Freude der Versöhnung bliebe allen versagt: Humanisation und Humanisierung würden nicht zusammenkommen.[57]

56 Mitscherlich Alexander und Margarete: Die Unfähigkeit zu trauern. Grundlagen kollektiven Verhaltens, Piper Verlag, 23. Auflage, München 1967.

57 Comte-Sponville André, a.a.O. S. 15.

2.2. Stärken-Schwächen-Analyse als Lebensgestaltungsauftrag.

In meinem Buch *„Jenseits der Losigkeitsgesellschaft"*[58] habe ich anhand von Schwächen (Losigkeiten) der Menschen – dem Alphabet folgend - darzustellen versucht, wie einzelne Schwächen in Stärken umgewandelt werden können und Gina Müller hat durch ihre Illustrationen meiner Texte dazu beigetragen, die Leserinnen und Leser zum eigenen Nachdenken über ihre Möglichkeiten zu motivieren.

Die Menschen gestalten sich nicht nur durch Atmen, Essen und Trinken, Bewegung und Ruhe, Schlafen und Wachen, Ausscheiden und Bei-Sich-Behalten und Gefühlsbewegungen selber, sondern sind auch in vielfältiger Weise durch ihre physische, psychische, soziale, geistig-künstlerische und geistlich-religiöse Umgebung mitgestaltet.

Die Landschaft, in der ein Mensch aufwächst, prägt ihn, wie verschiedene Schriftsteller in beeindruckender Weise immer wieder dargestellt haben. Die Menschen fühlen sich in typischen Umgebungen zu Hause und geborgen und verlassen – in der Regel – nur ungern ihre Heimat. Im 21. Jahrhundert – in einer voll gewordenen Welt[59] – erleben wir weltweit sehr unterschiedlich bedingte Migra-

---

58 Zapotoczky Klaus: Jenseits der Losigkeitsgesellschaft. Von der Hoffnung auf Zusammenhalt, Verlag pro mente edition, Linz 2012.

59 Weizsäcker Ernst Ulrich von, Wijkman Anders u. a.: Club of Rome: Der große Bericht. Wir sind dran. Was wir ändern müssen, wenn wir bleiben wollen. Eine neue Aufklärung für eine volle Welt, Verlag Gütersloher Verlagshaus, 4. aktualisierte Auflage, Gütersloh 2018, S. 110 ff.

tionen, die für viele – vor allem in Europa – beängstigend wirken.[60] Zugleich sind viele der Diskussionen und Auseinandersetzungen mit „Heimat" müde geworden und nehmen „Heimat" gegenüber eine sehnsuchtsvolle und zugleich ermattete Position ein.[61]

Jeder Mensch ist auch durch andere Menschen, seine Familie, seine Gemeinde, seine Berufskollegen und Freunde geprägt. Die Redensart: „Sage mir mit wem Du umgehst und ich sage Dir, wer Du bist" bringt das deutlich zum Ausdruck. Früher hieß es oft: „Gleich und Gleich gesellt sich gern." Heute sind andere und neue Zugehörigkeitsmechanismen wichtig und müssen erlernt, entwickelt und bearbeitet werden.

Damit stellen sich für jede(n) vor allem folgende Fragen:

- **Wie sehe ich die Anderen?**
- **Ist der Andere mein zweites Ich, ein Alter Ego? oder**
- **Ist der Andere ein Konkurrent, der meine Lebensmöglichkeiten einschränkt? oder**
- **Ist der Andere ein Feind, der mir nach dem Leben trachtet oder mich unterdrücken will?**

Seit der Allgemeinen Erklärung der Menschenrechte am 10. Dezember 1948 gelten diese Menschenrechte für alle Staaten (und ihre Menschen), die Mitglieder der Vereinten Nationen sind. Im Lebens-Alltag verhalten sich viele Menschen ganz anders als es diesen

---

60 Treibel Annette: Migration in modernen Gesellschaften. Soziale Folgen von Einwanderung, Gastarbeit und Flucht, Juventa Verlag, 5. Auflage, Weinheim und München 2011.

61 Nassehi Armin: Editorial, in: Nassehi Armin, Felixberger Peter (Hrsg.): Kursbuch 198. Heimatt, Verlag Kursbuch Kulturstiftung, Hamburg 2019, S. 3 ff.

Menschenrechten entsprechen würde. Dieser Zwiespalt muss bewusst gemacht und in dauernden Bemühungen verringert werden.

Artikel 2 der Allgemeinen Erklärung der Menschenrechte bestimmt klar und deutlich zweierlei im Bereich der Gleichheit aller Menschen:[62]

1. *„Jeder hat Anspruch auf alle in dieser Erklärung verkündeten Rechte und Freiheiten, ohne irgendeinen Unterschied, etwa nach Rasse, Hautfarbe, Geschlecht, Sprache, Religion, politischer oder sonstiger Anschauung, nationaler oder sozialer Herkunft, Vermögen, Geburt oder sonstigem Stand.“*
2. *„Des Weiteren darf kein Unterschied gemacht werden auf Grund der politischen, rechtlichen oder internationalen Stellung des Landes oder Gebietes, dem eine Person angehört.“*

Welche Belastung bedeutet es, wenn der Präsident eines mächtigen, vielleicht des mächtigsten Landes der Welt immer wieder erklärt: „America first“, wobei er in Verkennung der geografischen Gegebenheiten die USA mit „America“ meint. Niemand widerspricht im Namen der Menschenrechte, aber jeder könnte wissen, was der gebürtige Österreicher Karl W. Deutsch vor langer Zeit nicht ohne Grund formuliert hat: „Die nahe Zukunft (wird) mit guter Wahrscheinlichkeit durch eine Ära des Pluralismus und bestenfalls durch pluralistische Sicherheitsgemeinschaften gekennzeichnet sein“ und: „Ohne ein solches neues politisches Klima und ohne neue politische Anstrengungen würde es um das Überleben der Menschheit schlecht

62 Allgemeine Erklärung der Menschenrechte, illustriert von Michel Streich, Albrecht Knaus Verlag, München 2008.

bestellt sein".[63] Deutsch hofft auf einen „Prozess der Errichtung einer pluralistischen Gemeinschaft"[64], weil

1. *„Kriegerische Auseinandersetzungen ... an Attraktivität und Wahrscheinlichkeit verlieren",*
2. *„Intellektuelle Bewegungen und Traditionen" sich ausbreiten,*
3. *Ein Prozess „der Entwicklung und Praktizierung von Gewohnheiten und Fertigkeiten, die gegenseitige Achtung, Kommunikation und Ansprechbarkeit" ermöglichen, gegeben ist.*

Damit stellt sich Deutsch einem Unilateralismus, den er höchstens für die USA, die Sowjetunion und Rotchina für möglich hält, entgegen und plädiert für einen – immer labil bleibenden – Multilateralismus, der „die gegenseitige Abhängigkeit der Nationen in Sachen Sicherheit und Fortschritt" betont.[65]

Die Widersprüche in der Menschenwelt werden seit Boethius immer wieder beklagt. Der Christ Boethius (480-524), der für eine Selbständigkeit der Philosophie eintritt und sie sowohl als Anwältin der Verfolgten versteht als auch ihre Aufgabe, ihren Trost, in konsequenter Desillusionierung sieht, behauptet als Naturforscher, der er auch war, „den Kontrast zwischen der ewigen Ordnung der Natur und dem Chaos der Menschwelt".[66] Die Fragen des Boethius im Gefängnis, angesichts des Todes in literarisch begeisternder Form ge-

63 Deutsch Karl W.: Die Analyse internationaler Beziehungen. Konzeption und Probleme der Friedensforschung, Europäische Verlagsanstalt, Frankfurt/Main 1968, S. 289.

64 Deutsch Karl W., a.a.O., S. 289.

65 Deutsch Karl W., a.a.O., S. 130.

66 Flasch Kurt: Nachwort, in: Boethius Anicius Manlius Severinus: Trost der Philosophie, München 2010, S. 149.

stellt: „Gibt es einen Gott, woher das Übel?“ und „Gibt es keinen Gott, woher das Gute?“ können auf der Basis der Erfahrungen vieler Menschen, dass ihnen gute Worte und Taten gut tun und ihnen Freude bereiten und dass ihnen böse Worte und Taten schlecht bekommen und Schmerzen bereiten, durch die Frage abgelöst werden: „Wie kann der Mensch durch seine gesamte Existenz Gutes bewirken und Böses vermeiden und so am Göttlichen teilhaben?“

Alle Menschen suchen – bewusst oder unbewusst – nach dem Guten, was freilich immer wieder auch dazu geführt hat, dass in bester Absicht das (vermeintlich) Gute mit aller Gewalt durchzusetzen versucht wurde und wird, und damit im Endeffekt Böses getan wurde und wird. Es ist eine Tragik der Menschen, dass sie oft das Gute wollen und das Böse schaffen. Deshalb kommt Überlegungen zur Frage: „Gibt es eine Evolution zur Menschlichkeit?“, wie sie in jüngster Zeit von Peter Gowin und Nana Walzer angestellt wurden, größte Bedeutung zu.[67] Allerdings ist es bemerkenswert, dass sich in dem umfangreichen Buch mit dem Untertitel „Wege zur Gesellschaft von morgen“ unter den zwanzig Autoren kein Soziologe befindet. Wird von der Soziologie und den Soziologinnen und Soziologen keine Menschlichkeit erwartet?

Alle Menschen haben aber auch eine unbändige Sehnsucht nach dem ganz Anderen.[68] Es ist beeindruckend, dass auch Menschen, die als Gegner jeglicher Religiosität gelten, als Beispiel Karl Marx und Max Horkheimer, durchaus positive Anstöße für ein Verständnis von Religion und Gott gegeben haben. 1835 schrieb Karl Marx in seiner Abiturarbeit in Religion: „Wenn wir die Natur des Men-

67 Gowin Peter, Walzer Nana (Hrsg.): Die Evolution der Menschlichkeit. Wege zur Gesellschaft von morgen, Verlag Braumüller, Wien 2017.

68 Horkheimer Max: Die Sehnsucht nach dem ganz Anderen. Ein Interview mit Kommentar von Helmut Gumnior, Furche Verlag, Hamburg 1970.

schen betrachten, sehen wir zwar stets einen Funken der Gottheit in seiner Brust, eine Begeisterung für das Gute, ein Streben nach Erkenntnis, eine Sehnsucht nach Wahrheit, allein die Funken des Ewigen erstickt die Flamme der Begier […] und so steht der Mensch da, das einzige Wesen der Natur, das seinen Zweck nicht erfüllt […] das des Gottes nicht wert ist, der es erschuf"[69]. Marx sieht also durchaus Funken des Göttlichen in jedem Menschen, glaubt aber nicht daran, dass sich diese Funken im individuellen Leben gegen die Verlockungen des Lebens durchsetzen können und Horkheimer betont am Ende des zitierten Interviews resignierend: „Man wird das Theologische abschaffen. Damit verschwindet das, was wir ‚Sinn' nennen aus der Welt"[70].

In beeindruckender Weise hat sich Viktor E. Frankl mit der Sinn-Suche und Sinn-Findung für die Lebensgestaltung der Menschen auseinandergesetzt und folgende drei Haupt-Straßen der Sinn-Findung beschrieben:[71]

1) *Dem eigenen Leben Sinn geben..*
2) *Etwas oder jemanden „in seiner ganzen Einmaligkeit und Einzigartigkeit erleben".*
3) *Den „survival value, das Geheimnis der bedingungslosen Sinnträchtigkeit des Lebens"[72] finden, was Montalembert eindrucksvoll dargestellt hat.[73]*

69 Horkheimer Max: Die Sehnsucht nach dem ganz Anderen. Ein Interview mit Kommentar von Gumnior, Furche Verlag, Hamburg 1970, S. 10.

70 Horkheimer Max, a.a.O., S. 88.

71 Frankl Viktor E.: Der Mensch vor der Frage nach dem Sinn. Eine Auswahl aus dem Gesamtwerk, Piper Verlag, 25. Auflage, München 2013, S. 158.

72 Frankl Viktor E., a.a.O., S. 154.

73 Montalembert Hugues de: Der Sinn des Lebens ist das Leben. Meine Geschichte, Du Mont Verlag, Köln 2011.

Der salutogenetische Ansatz von Aaron Antonovsky[74] basierend auf Verstehbarkeit, Handhabbarkeit und Sinnhaftigkeit, kann auf allen Ebenen vom Individuum bis zur Weltgesellschaft praktikable Anregungen geben.

Auch Gruppen und Gemeinschaften prägen die Menschen. Eine zentrale Bedeutung in diesen Prägeprozessen hat für die meisten Menschen die Familie,[75] deren Formen und Gestaltungen in den verschiedenen Gesellschaften und auch im Laufe der historischen Entwicklung sehr unterschiedlich sein können. In vielen Gesellschaften, z.B. im indischen Kastensystem,[76] werden Angehörige bestimmter Familien deutlich privilegiert und haben – allein deshalb – viel mehr Entfaltungsmöglichkeiten als andere, die freilich viele von ihnen nicht optimal genützt haben. Umgekehrt haben manche, die in desolaten Familienverhältnissen oder ohne Familie aufwachsen mussten, sich großartig entwickelt. Es gibt also keine Entwicklungsgarantien, aber es ist wichtig, für alle (möglichst viele) gute Entwicklungsbedingungen zu schaffen. Dabei ist zum einen an die gesellschaftlichen Rahmenbedingungen durch Familienförderungen, Kinderbetreuungsmöglichkeiten und Sicherung von Zugangsmöglichkeiten zu Bildungseinrichtungen zu denken, müssen aber zum anderen die wichtigen familiären Persönlichkeitsgestaltungen und ihre Bedeutung, wie Oskar Kern sie beeindruckend dargestellt hat,[77] beachtet, gepflegt und auch gesellschaftlich wertgeschätzt werden.

---

74 Antonovsky Aaron: Salutogenese. Zur Entmystifizierung der Gesundheit, Deutsche Gesellschaft für Verhaltenstherapie, Tübingen 1997, S. 33 ff.

75 Frevert Ute: Frauen-Geschichte. Zwischen Bürgerlicher Verbesserung und Neuer Weiblichkeit, Suhrkamp Verlag, Frankfurt/Main 1986.

76 Dumont Louis M.: Gesellschaft in Indien. Die Soziologie des Kastenwesens, Europa Verlag, Wien 1976.

77 Kern Oskar: Briefträgerkind, edition a, Wien 2014.

Auch das örtliche Umfeld, eine Gemeinde, eine Schule, ein Lehrer, eine Lehrerin können Menschen nachhaltig prägen und vermeintliche Verbesserungen müssen nicht (immer) den gewünschten Erfolg haben und können sogar (kurz- und langfristig) einen Rückschritt darstellen. Viele der geplanten Gemeinde- und Pfarrzusammenlegungen dürfen nicht der Weisheit letzter Schluss sein.[78]

Die Prägekraft einer Gemeinde hat schon früh Hans Strotzka – trotz großer Schwierigkeiten – am Beispiel einer niederösterreichischen Kleinstadt, die Strotzka „Kleinburg" genannt hat, untersucht.[79] Leider hat diese Pionierarbeit weder im Bereich der Sozialpsychiatrie noch in anderen Bereichen vergleichbare Folgeuntersuchungen bewirkt.

78 Wolf Notker: Das Unmögliche denken, das Mögliche wagen. Visionen für eine bessere Zukunft, Verlag Gütersloher Verlagshaus, Gütersloh 2019, S. 192.

79 Strotzka Hans: Kleinburg. Eine sozialpsychiatrische Feldstudie, Österreichischer Bundesverlag, Wien 1969.

2.3. Perspektivische Sicht der Mensch-Werdung.

Für die eigene „Mensch-Werdung" wird sich jede(r) Einzelne die drei – klassisch gewordenen – Fragen stellen müssen:[80]

- *Woher komme ich?*
- *Wohin gehe ich?*
- *Welchen Sinn hat mein Leben?*

Die ersten zwei Fragen erfordern eine perspektivische Sicht des Lebens, schließen eine Auseinandersetzung mit dem eigenen Geworden-Sein, eine – immer wieder neue – Beschäftigung mit der eigenen Geschichte ein und erfordern eine – wie immer geartete – Lebensplanung und deren praktische Umsetzung und Kontrolle sowohl durch den Planer selbst als auch durch Vertraute, aber auch durch Freunde und Gegner. Wichtige Fragen bleiben die folgenden, die sich Menschen ab dem Erwachsen-Werden stellen und mit denen sie sich auch später, allein und mit anderen, auseinandersetzen sollten:

- **Was sind meine Begabungen, meine Möglichkeiten, meine Stärken?**
- **Auf welche von ihnen will ich mich konzentrieren?**
- **Was sind meine Schwächen, meine Fehler und Unzulänglichkeiten?**
- **Welche von ihnen kann und will ich in Stärken verwandeln?**
- **Auf welche Freunde kann ich bei meinen Lebensgestaltungsbemühungen zählen?**
- **Wer hält mir (wohlwollend) einen Spiegel vor und zeigt mir meine Fehler und Schwächen?**

80 König Franz: Gedanken für ein erfülltes Leben, Styria Verlag, Graz 2013.

- **Für wen und welche Ziele will ich mein Leben einsetzen?**
- **Auf welche Freunde kann ich – auch in Notzeiten – zählen?**
- **Wer sind meine Feinde und was tue ich, um mich mit ihnen zu versöhnen?**
- **Wie kann Vertrauen aufgebaut und Hass verringert werden?**

Die dritte Frage stellt die Tiefenfrage des Lebens dar. Kann und will ich ein bewusstes Leben mit Tiefgang führen oder bleibe ich eine Oberflächen-Existenz? Emmanuel Levinas (1906-1995) hat sich in Auseinandersetzung mit Heidegger (1889-1976) und Sartre (1905-1980) tiefgehend mit der Sinnfrage auseinandergesetzt und eine Spur verfolgt, die ihn zur Aussage führt: „Die Illeität der dritten Person – ist die Bedingung der Unumkehrbarkeit.“[81] Levinas entwickelt in neun Schritten eine Spur Gottes. Für dieses Antlitz Gottes haben Martin Buber (1878-1965) und Gabriel Marcel (1889-1973) – nach Levinas zu recht – das Du vorgezogen, „um damit die menschliche Begegnung zu beschreiben“.

Levinas formuliert: „Das Antlitz (Gottes), völlig offen, kann zugleich in sich selbst sein, da es sich in der Spur der Illeität befindet.“ ... „Der geoffenbarte Gott unserer jüdisch-christlichen Spiritualität bewahrt die ganze Unendlichkeit seiner Abwesenheit, die in der personalen „An-Ordnung“ selbst liegt. Er zeigt sich nur durch eine Spur. … Auf ihn zugehen, heißt …, auf die Anderen zugehen, die sich in der Spur dieser Illeität halten.“[82] Damit wird aus den Überlegungen von Levinas deutlich, dass außerhalb der Offenbarungen der

81 Levinas Emmanuel: Die Bedeutung und der Sinn, in: Levinas Emmanuel: Humanismus des anderen Menschen, Felix Meiner Verlag, Hamburg 2005, S. 54.

82 Levinas Emmanuel, a.a.O., S. 59.

jüdisch-christlichen (und auch anderer) Religionen ein – spurenhafter – Zugang zum letztlich unergründlich, aber persönlich nahen Gott durch liebevoll gestaltete Beziehungen zu anderen Menschen für jeden Menschen möglich ist. Zugleich kann die Entdeckung des göttlichen Funkens im anderen auch dazu führen, das Gute, Wahre und Schöne auch in der eigenen Person besser zu erkennen oder zu erahnen.

Wir besitzen von Philosophen, Wissenschaftlicher und Künstlern, aber auch von vielen Unbekannten wertvolle Aussagen und Überlegungen, die uns auch in kritischen Lebenssituationen Hilfe bieten können, Probleme neu zu sehen und zu bewältigen. Wir können uns solche Aussagen innerlich aneignen, damit sie uns zur Verfügung stehen, wenn wir sie brauchen. Beherzigen wir die alte Aussage: „Was Du ererbt von Deinen Vätern, erwirb es, um es zu besitzen.“ Wissen ist gut, Aneignung ist besser und heute notwendig!

Heute, in einer Zeit, die Viktor E. Frankl (1905-1997) vermehrt durch eine „existentielle Frustration“, resultierend insbesondere aus einem „abgründigen Gefühl letztlicher Sinnlosigkeit“ geprägt sieht,[83] kommt der Sinnfrage größte Bedeutung zu. König sah eine Sinnfindungsmöglichkeit im (christlich-)religiösen Glauben, Frankl und Antonovsky und de Montalembert im Leben selbst und Bruno Kreisky im (politisch) Tätig-Sein, wodurch die Welt verbessert werden könne, wie aus Kreiskys Aussage: „Der Sinn des Lebens ist das Unvollendete“ zu ersehen ist.[84] An der Vollendung der Welt und des Lebens zu arbeiten, kann für jede(n) eine sinnvolle Tätigkeit sein und so Leben sinnvoll machen.

83 Frankl Viktor E., a.a.O., S. 142.

84 Kotanko Christoph: Kult-Kanzler Kreisky. Mensch und Mythos, Carl Ueberreuter Verlag, Wien 1920, S. 18.

3
ENTFALTUNG

3. Haupt-Entfaltungsbereiche des Menschen.

In jedem Lebensbereich gibt es interessante Entfaltungsmöglichkeiten für Menschen. Es erscheint mir weniger wichtig, was ein Mensch tut, in welchem Bereich er seine (besonderen) Fähigkeiten (zum Wohl seiner Mitmenschen) einsetzt (oder nicht), sondern in welcher Weise er tätig ist, wie gut und wie nützlich für die Allgemeinheit er seine Aufgaben gestaltet und wie verlässlich er übernommene Aufgaben erfüllt. Im Folgenden wollen wir einigen Entfaltungsmöglichkeiten nachgehen. Jede(r) kann für spezifische Bereiche, die (ihm/ihr) wichtig erscheinen, Überlegungen anstellen, wie in dem jeweiligen Bereich eine optimale Aufgabenerfüllung geplant, umgesetzt und durchgehalten werden kann, ohne dass es zum Raubbau an den Kräften des Aufgaben-Trägers oder zum Schaden der von der Aufgaben-Erfüllung Betroffenen kommt. Die Begabungen der Menschen sind vielfältig, lassen sich entfalten, aber auch vernachlässigen, sie können anderen zum Segen, aber auch zum Schaden ausgeübt und gestaltet werden. Wie lässt sich eine optimale Gestaltung (immer wieder) finden, wie kann sie lebendig erhalten werden und welche Hilfen sind jeweils notwendig und möglich?

Im Folgenden sollen besonders die Künste, Literatur, Bildende Künste und Musik dargestellt, aber auch auf Wissenschaft und Sport eingegangen werden. Zugleich aber bleibt zu bedenken, dass jeder Lebensbereich Entfaltungsmöglichkeiten unterschiedlicher Art bietet und die Menschen gut daran tun, die Chancen (und Gefahren) jedes Bereiches zu erkennen und im Sinne ihrer Entfaltungsmöglichkeiten zu nutzen.

3.1. Begabungsentfaltung in der Literatur.

Auch in der Kunst erleben wir – wie in der Gesellschaft im Allgemeinen – eine zunehmende Differenzierung.[85] Dies ist nicht nur der Tatsache geschuldet, dass neue Kunstsparten entstehen, sondern liegt auch in der Entwicklung neuer Kunstbereiche in den klassischen Kunstbereichen Literatur, Bildende Kunst und Musik. In den 60-iger Jahren des vorigen Jahrhunderts entstand z.B. die visuelle Poesie als eine – besonders im deutschen Sprachraum – von vielen Menschen beachtete Kunstrichtung.

Lange Zeit war im deutschen Sprachraum die Kunst des Schreibens auf relativ wenige Experten beschränkt und wurden wichtige Erzählungen mündlich weitergegeben. Die Wissenschaftssprache war die lateinische Sprache und die Wissenschaften wurden vor allem in den Klöstern und später an den Universitäten betrieben. Ich erinnere mich, dass ich selbst noch 1961 Vorlesungen in lateinischer Sprache (Fundamentaltheologie, Neues Testament) an der Theologischen Fakultät der Universität Wien besucht habe. Inzwischen entwickelt sich – in fast allen Bereichen – die englische Sprache zur weltweiten Wissenschaftssprache.

Auch im Bereich der Literatur entwickelt sich das Englische zu einer dominanten Großmacht, aber andere große Sprachen: Spanisch, Französisch, Deutsch, Russisch, Chinesisch und Japanisch haben ebenfalls große Bedeutung. Daneben gewinnen aber auch andere Sprachen – oft als Nischenprodukte – Beachtung und werden –

85 Treibel Annette: Einführung in soziologische Theorien der Gegenwart. VS Verlag für Sozialwissenschaften, 7. aktualisierte Auflage, Wiesbaden 2006, S. 41 ff.

manchmal sehr schnell – in die Großsprachen übersetzt. Zugleich erleben wir, dass die großen (religiösen) Erzählungen (z.B. Bibel, Koran) in immer mehr (kleine) Sprachen übersetzt werden.

Literatur-Experten und –Kritiker, Kulturfreunde und Literatur-Begeisterte, aber auch Lehrer, Verlage, Bibliothekare, Journalisten und andere Literatur-Vermittler haben immer wieder einen größeren oder kleineren Kanon der wichtigsten Werke der (Welt-)Literatur zu entwickeln versucht und konnten sich nicht einigen. Legendär ist für viele Freunde der Katholischen Hochschulgemeinde Wien die „Liste der 200 Bücher" von Prälat Karl Strobl. Das Bemerkenswerte an dieser Liste war es, dass zwar einige Fixstarter der Liste unbezweifelt waren, die endgültige Liste aber nie fertig wurde, sodass sowohl Qualitätsmerkmale als auch Aufnahmekriterien immer in Diskussion und somit lebendig blieben. Literatur lebt sowohl von der Begeisterung als auch von der kritischen Rezeption ihrer Leser. Beides wandelt sich ständig.

Bruno Bettelheim hat die Meinung vertreten, dass Kinder Märchen brauchen.[86] McClelland und andere Forscher sind bei ihren Überlegungen, was die unterschiedlichen Faktoren, die die (gesellschaftliche) Leistungsfähigkeit beeinflussen, auf die große Bedeutung von Märchen gestoßen und haben internationale Vergleiche angestellt.[87] Aus diesen Zusammenhängen lässt sich vermuten, dass alle Menschen von großen Erzählungen, die ihnen zugänglich sind, geprägt sind. Daraus folgt die Frage: Was sind heute die Erzählungen, die

86 Bettelheim Bruno: Kinder brauchen Märchen. Deutscher Taschenbuch Verlag, 30. Auflage, München 2011.

87 McClelland David: Die Leistungsgesellschaft. Psychologische Analyse der Voraussetzungen wirtschaftlicher Entfaltung, Kohlhammer Verlag, Stuttgart 1966.

die Menschen (in Europa) prägen und welche werden es morgen sein?

Durch die Erfindung des Buchdrucks wurden Bücher, die früher sehr teuer und relativ selten waren, zu einer Massenware und damit für viele zugänglich. Durch die Aufklärung und die (Früh-) Industrialisierung kam es zur Alphabetisierung der gesamten Bevölkerung und ein eigenständiger Zugang zum Buch wurde für (fast) alle in Europa möglich.

Seit Jahren ist es durch die Digitalisierung der Information und die weltweite Verfügung von Informationen über das Internet zu einem grundlegenden Wandel der Zugänglichkeit von Literatur gekommen, was manche drastisch das Ende des Buch-Zeitalters nennen. Wenn auch durch die Veränderungen das Buchmonopol in der Literatur gebrochen ist, kann angenommen werden, dass Bücher auch weiterhin die Bildungs- und Literatur-Landschaft begleiten werden, aber eine neue Ära ist längst angebrochen und entfaltet sich ständig weiter.

Es gab Zeiten, in denen Bücher – für einfache Menschen - unerschwingliche Kostbarkeiten waren und auch Zeiten, in denen der Besitz von bestimmten Büchern, z.B. von (evangelischen) Bibeln und anderen Büchern, mit schweren Strafen geahndet wurde und auch Zeiten, da Bücher öffentlich verbrannt und geächtet wurden. Die Wahrheit zu sagen oder gar zu schreiben und zu verbreiten, war und ist immer noch lebensgefährlich.

Die Corona-Krise mit ihren Kommunikationseinschränkungen und der Reduktion von sozialen Kontakten hat anderen Verständigungsmöglichkeiten Auftrieb verliehen und ein gutes Wort zur rechten Zeit wird wieder geschätzt und tut allen gut.

3.2. Bildende Kunst als Entfaltungsmöglichkeit.

„Ein Bild sagt mehr als tausend Worte“ ist eine gängige Aussage. Jedes Bild lässt für den Betrachter viele Möglichkeiten einer persönlichen Interpretation offen und regt – in der Regel – zur Kreativität an.

Bei den Bildern in unseren Köpfen können wir einerseits die Bilder identifizieren, die wir von uns selbst, von den Menschen um uns, der Welt, in der wir leben, von Gott und dem Kosmos sowie von vielem anderen haben; andererseits sind auch die Bilder, die andere, mit denen wir in Kontakt stehen, in ihren Köpfen haben und ihnen wichtig sind, für uns prägend. Oft wissen wir nicht genau, ob wir „Tatsachen“ selbst erlebt, geträumt oder (nur?) erzählt bekommen haben.

Dazu kommen Bilder, die ich von anderen Menschen habe. Dabei kann es sein, dass ich manche Menschen (zu) positiv gesehen habe und nun von ihnen enttäuscht bin, weil sie sich so verhalten, wie ich – bei nüchterner Betrachtung – von Anfang an hätte erwarten müssen (können). Umgekehrt kann es sein, dass ich von Menschen positiv überrascht werde, weil ich sie zuerst zu negativ gesehen habe. Auch Landschaften können wir sehr unterschiedlich „sehen“, z.B. wenn wir entspannt mit dem Zug auf Urlaub fahren und auf einer gewohnten Strecke einen wunderbaren Baum auf einer Anhöhe entdecken oder auf einer Langsam-Fahrstrecke eine beindruckende gärtnerische Gestaltung eines Kreisverkehrs aus einer ungewohnten Perspektive wahrnehmen.

Entfaltung

Seit langer Zeit haben die Menschen sich Gedanken über die – sie bewegenden – Probleme gemacht und dazu auch Bilder angefertigt, wie z.B. Höhlenmalereien belegen. Damit stellen sich für uns heute folgende Fragen:

- **Welche Bilder sind uns so wichtig, dass wir sie ausdrücken wollen?**
- **Wer ist in der Lage, diese Bilder (adäquat bildlich) darzustellen?**

Wir können uns fragen:

- **Welche Bilder habe ich von mir?**
- **Welche Bilder machen sich andere von mir?**
- **Welches Bild ist „richtig“?**
- **Gibt es überhaupt ein „richtiges Bild“ (von mir und von allem)?**

Die Entdeckung der Perspektive war eine der Errungenschaften der neuen klassischen Malerei, die in Giotto den ersten großen Theoretiker hatte.[88] Diese Malerei hatte ihren typischen Rahmen und ihre eigene Ordnung, die seit dem 19. Jahrhundert überwunden wurden und neuen Sichtweisen Platz gemacht haben.

Eine wichtige Aussage für eine „richtige Sichtweise“ ist die Redeweise: „Vier Augen sehen mehr als zwei.“ Die Interpretationen dieser Aussage sind unterschiedlich und zeigen verschiedene Tendenzen: „Vertrauen ist gut, Kontrolle ist besser“, „Traue niemand über 30“, „In finanziellen Angelegenheiten darf man niemandem trauen“, „Jeder muss selber wissen, was er tut“, „Jeder ist selbst für die Sicherheit seiner persönlichen Daten verantwortlich“, u.a.

---

88 Hetzer Theodor: Giotto – Grundlegung der neuzeitlichen Kunst, Mäander Kunstverlag, Stuttgart 1981.

Dabei stellen sich für jede(n) wichtige Fragen, wie die folgenden:

- **Mit wem kann und will ich meine (inneren) Bilder austauschen?**
- **Wer vertraut mir seine/ihre Bilder an?**
- **Wer zeigt mir meine Möglichkeiten (Stärken und Schwächen)?**

Jeder Mensch muss sich dessen bewusst sein bzw. werden, dass er sowohl bei den Kant'schen Fragen nach Metaphysik, Moral und Religion als auch bei der Frage „Wie werde ich Mensch?" auf die Hilfe anderer angewiesen ist und (daher) auch verpflichtet ist, andere in ihrem Mensch-Sein und Mensch-Werden zu unterstützen.

Die Bilder, die sich die Menschen von sich selber und anderen machen, sind – in der Regel – perfekter als die konkreten Verwirklichungen dieser Bilder. Zum Glück ist kein Mensch ein perfektes Wesen, sondern muss es lernen, mit seinen Schwächen umzugehen, von denen er einen Teil – aber sicher nicht alle – auch in Stärken umwandeln kann. Im Buch *„Jenseits der Losigkeitsgesellschaft"* habe ich Wege aufzuzeigen versucht, wie – nach dem Alphabet identifizierbare Losigkeiten (von Arbeitslosigkeit über Charakterlosigkeit, Lieblosigkeit, Orientierungslosigkeit, Treulosigkeit bis Ziellosigkeit) – Schwächen in Stärken gewandelt werden können.[89]

Der Soziologe Gerhard Schulze hat festgestellt, dass „Moral in der säkularisierten Kultur des Westens nicht mehr auf metaphysischen Kommandos beruht, sondern auf freien persönlichen Entscheidungen und menschengemachten Gesetzen".[90] Wir werden uns also fra-

89 Zapotoczky Klaus: Jenseits der Losigkeitsgesellschaft. Von der Hoffnung auf Zusammenhalt, Verlag edition pro mente, Linz 2012.

90 Schulze Gerhard: Die Sünde. Das schöne Leben und seine Feinde, Carl Hanser Verlag, München, Wien 2006, S. 237.

gen müssen, ob die Moral-Bilder, die wir in unseren Köpfen haben, diesen neuen Anforderungen entsprechen oder noch „nachhinken".[91] Wahrscheinlich lässt unser persönliches und gesellschaftliches Wollen in Richtung auf diese neuen Herausforderungen noch zu wünschen übrig und sind wir noch weit davon entfernt, dass viele Menschen (in Europa) dazu in der Lage sind, diesen moralischen Konsens zu finden. Zugleich wird aber immer deutlicher, dass ohne moralischen Konsens zugunsten des bedürftigen Anderen auch die heutigen Sozialsysteme politisch unhaltbar wären.[92]

Sowohl die Frage nach der Moral als auch die Frage der Religion werden den Menschen wichtiger, obwohl die Kirchen an Bedeutung verlieren, denn jeder Mensch ist ein spirituelles Wesen[93], stellt sich die Sinnfrage[94] und sucht nach dem Guten, ohne gleich bestimmen zu können, worin es besteht. Im Buch *„Vom Wort zur Tat"* habe ich Wege aufzuzeigen versucht, wie Religion heute konkret gelebt werden kann.[95] Eine persönliche Entscheidung bleibt keinem erspart, wie Karl Rahner schon vor dem II. Vatikanischen Konzil betont hat.[96] In den Jahrzehnten, die seither vergangen sind, ist diese Herausforderung der Kirchen immer dringender geworden, ohne dass

---

91 Ogburn William F.: Die Theorie der kulturellen Phasenverschiebung, in: Ogburn William F.: Kultur und sozialer Wandel. Ausgewählte Schriften, Luchterhand Verlag, Neuwied – Berlin 1969.

92 Schulze Gerhard, a.a.O., S. 239.

93 Comte-Sponville André: Woran glaubt ein Atheist? Spiritualität ohne Gott, Diogenes Verlag, Zürich 2009.

94 Frankl Viktor E.: Der Mensch vor der Frage nach dem Sinn. Eine Auswahl aus dem Gesamtwerk, Piper Verlag, 20. Auflage, München, Zürich 2007.

95 Zapotoczky Klaus: Vom Wort zur Tat. Spiritualität für alle Menschen guten Willens, Trauner Verlag, Linz 2017.

96 Rahner Karl: Das Dynamische in der Kirche, in: Rahner Karl, Schlier Heinrich (Hrsg.): Quaestiones Disputatae, Band 5, Herder Verlag, Basel, Freiburg, Wien 1958, S. 11 f.

daraus (bisher) die nötigen Konsequenzen gezogen worden wären. Aber einzelne Ansätze, vor allem in der Bildenden Kunst, liegen vor und werden von vielen eher als Provokation und weniger als Anregung zur persönlichen Entscheidung gesehen.

Die Vielfalt von Bildern und Sichtweisen heute ist zum einen belastend und verwirrend und bietet zum anderen die Chance, dass es vielen Menschen möglich wird, Dinge und Menschen, Konflikte und Zusammenhänge neu zu sehen, neue Gemeinsamkeiten zu entdecken und Konflikte in neuer und friedlicher Weise auszutragen und nicht zu verdrängen. „Der erste Streit ist der beste“, ist eine – manchmal irritierende – Aussage. Dieser Satz kann uns aber aufmerksam machen, dass Probleme nicht verdrängt werden sollen, sondern baldmöglichst geregelt werden sollen. Ungelöste persönliche und gesellschaftliche Probleme können zu Traumatisierungen verschiedenster Art führen, deren Folgen äußerst belastend sein können. „Reinigende Gewitter“ können also durchaus gute Folgen haben und die Beteiligten können sich „zusammenstreiten“.

3.3. Musik als persönliche und gemeinsame Ausdrucksweise.

Österreich gilt als Großmacht der klassischen Musik, aber auch im wiedererstandenen Österreich nach 1955 wurde die Musikpflege bei Kindern und Jugendlichen sowohl durch eigene Musikgymnasien als auch durch ein gut ausgestattetes Musikschulwesen, das auch Erwachsenen und Pensionisten zugänglich ist,[97] gefördert. Bemerkenswert ist in diesem Zusammenhang die Aussage von Glenn Gould über den begeisterten Wiener und überzeugten Österreicher und Katholiken Ernst Krenek: „Krenek is a one man history of 20th century music“,[98] die allerdings die Tatsache nicht schmälern soll, dass Ernst Krenek (1900-1991) „in vielen Bereichen eine hochkultivierte Person“ war.

Am Beispiel von Ernst Krenek lässt sich die tragische Situation ablesen, die Österreicher durch die Nationalsozialistische Machtübernahme, die Besetzung Österreichs, den Zweiten Weltkrieg und seine Folgen erleben mussten, bzw. dadurch geprägt wurden. Die traumatisierenden Ereignisse sind für die jüdische Bevölkerung, soweit sie überlebt hat, ins Bewusstsein der Nachwelt getreten und auch zu einem erhebliche Teil aufgearbeitet worden, für andere betroffene Gruppen und ihre Traumatisierungen gibt es aber kaum Aufmerksamkeit und kein öffentliches Bewusstsein. Die Doppel-Existenz von Ernst Krenek lässt sich, z.B. an den Krenek-Archiven an der University of California in San Diego und Wien ablesen, aber auch

97 Tschemer Marlies: Erwachsene in Musikschulen. Motive, Ziele, Erwartungen, Trauner Verlag, Linz. 2010.

98 Krenek Ernst: Im Atem der Zeit. Erinnerungen an die Moderne, Braumüller Verlag, Wien 2012, S. 13.

aus der Tatsache ersehen, dass Ernst Krenek am Wiener Zentralfriedhof in einem Ehrengrab beigesetzt wurde. Freilich werden die Gründung von Gesellschaften und Einrichtungen diesseits und jenseits des Atlantik den Anliegen dieser großen Persönlichkeit nicht voll gerecht und ist zu hoffen, dass der 125. Geburtstag von Ernst Krenek für eine umfassende Krenek-Rezeption in Österreich, Europa und den USA genützt wird. Österreich hat im 20. Jahrhundert aber auch viele andere Persönlichkeiten der Musik hervorgebracht.

Man kann auf sehr unterschiedliche Weise Musik machen. Manche singen in der Früh im Badezimmer aus Freude am Leben, andere summen bei längeren Wanderungen einen Rhythmus, der es ihnen erleichtert, beim Wandern voranzukommen, andere mussten/durften schon als Kinder ein Instrument erlernen; einige freundeten sich mit diesem Instrument an, sodass es für sie zu ihrem Lebens-Instrument wurde, anderen hat dieser Pflicht-Unterricht die Freude an der Musik geraubt. Es gibt für bemühte Eltern und Erzieher keinen Königsweg (weder zur Musik und auch nicht zu anderen Befähigungen), den man mit großer Sicherheit beschreiten könnte. Für mich war die Entscheidung meiner Eltern, mir vom am Bruckner Konservatorium Linz tätigen Professor Miceva – und seiner Frau – Klavierunterricht geben zu lassen von ambivalenten Konsequenzen geprägt: Einerseits erhielt ich 1952 die Bruckner-Medaille für meine Leistungen im Klavier-Spielen, andererseits begeisterten mich beide Lehrer mit ihrer Art, Klavier zu spielen, nicht wirklich für die Musik - leider. Glücklicher Weise bleibt das Leben immer ein Wagnis, das schiefgehen kann. Vielleicht liegt im Misslingen sein eigentlicher Sinn?

Viele musizieren gerne mit anderen und bilden Ensembles und auch Orchester. Es ist weder in der Musik noch in anderen Bereichen leicht, mit anderen zusammenzuspielen und in der Regel braucht jedes Zusammenwirken einen Dirigenten, der in der Musik – in der Regel – ein Kapellmeister ist, aber das Musizieren kennt durchaus auch andere Formen des Zusammenspiels. Ein Eingehen und Verständnis für die Partner ist dabei ebenso unverzichtbar wie schwierig und die Qualität mancher Ensembles liegt darin, dass sie sich „blind verstehen".

Aber nicht nur das Wiedergeben von anerkannter oder bekannter Musik in eigenständiger Weise ist wichtig. Auch das kreative Selbstschaffen von Liedern und anderen Musikstücken bis zu Symphonien und Opern ist eine besondere Begabung, die gefördert und gepflegt werden muss.

Letztendlich könnte Österreich eine leitende Position im musikalischen Zusammenwirken der Völker und darüber hinaus spielen und über die Musik zu einer Weltharmonie beitragen. Wien als „Welt-Hauptstadt der Musik" könnte dabei eine führende Rolle spielen, die allerdings (von den Verantwortlichen) erkannt, gefördert und immer wieder – in unterschiedlichen Formen – eingeübt und gepflegt werden müsste.

An anderer Stelle habe ich auf die Aufgabe aller Menschen, eine Weltsymphonie zu bewirken und dafür auch Literatur und Bildende Kunst zu nutzen, hingewiesen.[99] Allen Menschen sollte bewusst sein, dass sie (bewusst oder unbewusst) ständig zu dieser „Weltsymphonie" beitragen und diese Beiträge (nicht selten) an Quantität und Qualität zu wünschen übrig lassen. Eine individuelle und kollektive Bewusstseinsbildung auf breiter Basis ist notwendig.

---

99 Zapotoczky Klaus: Vom Wort zur Tat. Spiritualität für alle Menschen guten Willens, Trauner Verlag, Linz 2017, S. 144.

3.4. Wissenschaft als Entfaltungsmöglichkeit.

Karl R. Popper (1902-1994) hat vor 40 Jahren bei seiner Eröffnungsrede bei den Salzburger Festspielen die These aufgestellt: „Dichtung und Wissenschaft haben den selben Ursprung, den Ursprung im Mythos“. Dieser These hat er eine weitere These angefügt: „Nicht nur ein Großteil der Dichtung, sondern auch ein Großteil der Wissenschaft kann noch immer als ein solcher naiver, von der Phantasie inspirierter Versuch der Welterklärung beschrieben werden“.[100]

Popper betont die Wichtigkeit der Phantasie für die Entfaltung der verschiedenen Fähigkeiten und meint, dass „eine ästhetisch-literarisch orientierte Kritik vom Mythos zur Dichtung führe und eine rational orientierte Kritik vom Mythos zur Kosmologie oder vom Mythos zur Wissenschaft“. Popper betont dabei, dass es in der Wissenschaft Fortschritt gäbe und dass dieser Fortschritt sich auf Selbstkritik des Forschers und auf Kritik durch Gemeinschaftsarbeit der Forscher gründe.[101]

Heute wird der Fortschritt der Wissenschaft vor allem in den Sozialwissenschaften (in Europa) durch Mangel an Phantasie und auch durch fehlende Selbstkritik und ungenügende Gemeinschaftsarbeit gehemmt. Oft ist Österreich und sind Österreicher durch unkonventionelle, eigenwillige Ideen, selbstkritisches Vorgehen und unübli-

---

100 Popper Karl R.: Schöpferische Selbstkritik in Wissenschaft und Kunst (gestohlen aus Beethovens Skizzenbüchern) in: Popper Karl R.: Auf der Suche nach einer besseren Welt. Vorträge und Aufsätze aus dreißig Jahren, Piper Verlag, 9. Auflage, München, Zürich 1997, S. 259.

101 Popper Karl R., a.a.O., S. 260 ff.

ches Zusammenarbeiten über Fächer und andere Grenzen hinweg aufgefallen und z.T. auch berühmt geworden. Es ist zu hoffen, dass sich in den (Sozial-)Wissenschaften auch in Österreich Forscher finden, die den Popperschen Ansatz einer offenen Gesellschaft, den er selbst 1944 als eine Untersuchung einiger der Prinzipien des Wiederaufbaus[102] (nach der nationalsozialistischen Herrschaft) bezeichnet hat, weiterführen. Anregungen zu einer solchen Weiterführung hat in jüngster Zeit Stefan Brunnhuber vorgelegt.[103] Der Autor fordert „weniger Respekt vor der Vergangenheit und noch weniger Angst vor der Zukunft, um … die richtigen Fragen zu stellen“.[104] Er formuliert viele Fragen, betont aber gleichzeitig, dass der Fragenkatalog bewusst noch nicht zu Ende sei. Transformation in den verschiedenen Bereichen ist sicher dringend notwendig, wohin sie gehen soll und kann, ist noch weitgehend offen: Verantwortliche Entscheidungen und Entscheider werden dringend benötigt. Keine Entscheidung ist auch eine Entscheidung, aber keine zukunftsweisende.

Die richtige Entscheidung für die Gestaltung der Weltgesellschaft oder ihrer Hauptbereiche Politik, Wirtschaft, Zivilgesellschaft kann es nicht geben, aber ehrliches Ringen um die zentralen Fragestellungen und Versuche ihrer Beantwortung sollten der Mehrzahl der (Sozial-)Wissenschaftler möglich sein. Daraus könnten dann Handlungsansätze gewonnen werden. Die Zeit drängt, Selbstkritik gegenüber den je eigenen Positionen und offene Kritik durch Zusammenarbeit kann zu einem reflektierten und engagierten Handeln vie-

102 Popper Karl R.: Die offene Gesellschaft und ihre Feinde I. Der Zauber Platons, Francke Verlag, 6. Auflage, Tübingen 1980, S. 6.

103 Brunnhuber Stefan: Die offene Gesellschaft. Ein Plädoyer für Freiheit und Ordnung im 21. Jahrhundert, oekom Verlag, München 2019.

104 Brunnhuber Stefan, a.a.O., S. 114.

ler führen. Die Arbeit ist enorm, eine sinnvolle Alternative ist nicht zu sehen.

Für unsere Grundfragestellungen nach den Entfaltungsmöglichkeiten des Menschen in verschiedenen Bereichen ergibt sich hier ein Dilemma: Geht es nur um die Entfaltung von Einzelnen oder geht es auch darum, die jeweiligen Bereiche so zu gestalten, dass sie zum Wohl aller Menschen dienen. In der Festschrift, die mir zu meinem 65. Geburtstag überreicht wurde,[105] haben viele Wissenschaftler und Praktiker, Politiker und Verantwortliche in Wirtschaft und Gesellschaft in den Bereichen Bildung, Kunst, Soziologie, Gesundheit, Sicherheitspolitik und Streitkräfte, Politik, Recht und Ordnung, Wirtschaft, Entwicklungszusammenarbeit, Familie und Freunde ihre Beiträge zum Thema „Wissenschaft um der Menschen willen“ geleistet. Mir fehlte damals ein wichtiger Lebensbereich, der in meinem Leben eine bedeutende Rolle spielt, die Religion, die 2003 höchstens indirekt vorkam. Zu meinem 80. Geburtstag 2018 erhielt ich eine Festgabe „Religion und Gesellschaft“,[106] die Religion zu thematisieren begann und ihre Bedeutung für die Gestaltung anderer Lebensbereiche, z.T. im Anschluss an Max Webers These vom Zusammenhang zwischen Protestantischer Ethik und Geist des Kapitalismus,[107] behandelte.

---

105 Pracher Christian, Strunz Herbert (Hrsg.): Wissenschaft um der Menschen willen. Festschrift für Klaus Zapotoczky zum 65. Geburtstag, Verlag Duncker & Humblot, Berlin 2003.

106 Hofer Bernhard, Pass Claudia, Pracher Christian, Strunz Herbert (Hrsg.): Religion und Gesellschaft. Festgabe für Klaus Zapotoczky zum 80. Geburtstag. Mit einem Beitrag des Jubilars, Mercur Verlag, Wien/Berlin 2018.

107 Weber Max: Die protestantische Ethik. Eine Aufsatzsammlung, Siebenstein Taschenbuch Verlag, München, Hamburg 1965.

Meiner Meinung ist Sozialwissenschaft um ihrer selbst willen nicht zu rechtfertigen und haben Sozialwissenschaften und Sozialwissenschaftler die Pflicht, sich den wichtigsten Fragen ihrer Gesellschaften und in einer von Globalisierung geprägten Welt auch den Weltproblemen und dem, was sie dafür halten, zu stellen. Eine Aufgabe, die nur durch organisierte Zusammenarbeit, von der wir heute noch relativ weit entfernt sind, zu bewältigen ist. An der Erstellung eines – möglichst akkordierten – Themenkatalogs ist zu arbeiten. Entsprechende Fördermaßnahmen für eine solche Großaufgabe sind zu erstellen, bzw. die Rahmenbedingungen dafür sind zu leisten.

Die Qualität von Wissenschaft und Forschung hängt aber nicht nur mit den äußeren und inneren Bedingungen der Wissenschaft zusammen, sondern ist auch abhängig von der Konstruktion und vom Funktionieren des gesamten Hauses der Bildung. Im Bildungsbericht der UNESCO für das 21. Jahrhundert,[108] einer hervorragenden Arbeit unter Leitung des ehemaligen Präsidenten der EU Kommission, Jacques Delors, werden vier Hauptziele der Bildung entwickelt, die gleichsam die Eckpfeiler des gesamten Bildungsgebäudes vom Kindergarten bis zur Universität darstellen.

Gleichzeitig wird auch beschrieben und argumentiert, dass Bildung – im Gegensatz zu früher – nicht mehr auf Kindheit und Jugend beschränkt ist (im Sinne von: „Was Hänschen nicht lernt, lernt Hans nimmer mehr“), sondern einen lebenslangen Prozess, eine permanente Aufgabe darstellt.

108 Deutsche UNESCO Kommission (Hrsg.): Lernfähigkeit: Unser verborgener Reichtum. UNESCO-Bericht zur Bildung für das 21. Jahrhundert, Luchterhand Verlag, Neuwied, Kriftel, Berlin 1997.

Die Hauptziele der Bildung nach dem UNESCO-Bericht sind:

- *Lernen, Wissen zu erwerben.*
- *Lernen, (verantwortlich) zu handeln.*
- *Lernen, (friedlich) zusammenzuleben.*
- *Lernen für das Leben (und nicht für den Tod und das Töten).*

Wenn diese Säulen der Bildung nicht aufeinander abgestimmt, und vergleichsweise auf solider Grundlage stehen, dann ist die Gefahr groß, dass das gesamte Haus in eine Schieflage gerät und nicht optimal funktioniert. Jede Einheit ist nur so stark wie ihr schwächstes Glied. Bestehende Defizite sind daher in „konzentrierter Aktion" zu minimieren.

3.5. Sport als Entfaltungsmöglichkeit.

Im antiken Griechenland wurde die Idee geboren, in dafür sorgfältig ausgewählten Disziplinen einzeln und auch in Gruppen in Wettstreit zu treten, wobei ursprünglich das Hauptaugenmerk nicht auf die Spitzenleistung gerichtet war, sondern darauf, wer aller benannt wurde, um mit anderen in Wettstreit zu treten. Dabei sein war alles und voneinander zu lernen, war entscheidend wichtig. Heute steht – leider – der „Kampf" um den Sieg im Vordergrund und gibt es ständig die unterschiedlichsten Diskussionen, ob Einzelne oder auch Gruppen und Staaten sich unerlaubter Mittel bedienen, um den Sieg, der nicht nur Ruhm bringt, für sich zu verbuchen. Disqualifikationen werden durchgeführt, nicht immer treffen sie alle oder nur die in erster Linie Schuldigen.

Nicht selten bleibt die Freude an der Ausübung des jeweiligen Sports auf der Strecke und degenerieren Leistungserbringungen zum – in den unterschiedlichen Disziplinen verschieden bewerteten – „Geschäft". Weitgehend ist auch den Olympischen Spielen die Absichtslosigkeit und die Freude am Spielerischen verloren gegangen, wurde Spiel zum Ernst und ist die Qualität des Spielens, wie sie von Johan Huizinga als Grundfähigkeit des Menschen dargestellt wurde,[109] nicht mehr oder nur noch in Ansätzen vorhanden.

Die – in vielen Bereichen bemerkbare – Ökonomisierung, die weniger einer wirtschaftlichen Erbringung von (notwendigen) Leistungen, als eher einträglichem Geschäfte-Machen dient, erfasst auch bereits Bereiche, wo für solche Tendenzen kaum Platz sein sollte,

---

109 Huizinga Johan: Homo Ludens. Vom Ursprung der Kultur im Spiel, Rowohlt Taschenbuch Verlag, 22. Auflage, Reinbek bei Hamburg 2011.

wie den Bereich „Ernährung“, sodass das österreichische Bundesministerium für Arbeit, Soziales, Gesundheit und Konsumentenschutz 2019 eine Arbeitsgruppe zum Gesundheitsziel 7 „Ernährung“, gebildet hat und versuchen will, „gesunde Ernährung für alle zugänglich“ zu machen.

Diese Instrumentalisierung von Bereichen für ökonomische Nutznießer ist die eine – traurige – Seite des Prozesses, die zum Glück schon bemerkt und der entgegengesteuert wird, die andere – ähnlich problematische – Seite des Prozesses, der Verlust an Kreativität und Phantasie bei vielen, bleibt weitgehend verborgen und schädigt die modernen Gesellschaften in besonderer Weise. Auch hier wird das Interesse von vielen auf kurzfristige Vorteile mit Annehmlichkeiten im Augenblick gerichtet und wird das Potential von vielen nicht entfaltet.

Trotzdem hat dieser Prozess nicht nur negative Aspekte. Sport-Bereiche, die Menschen nicht gekannt haben, werden populär und Kinder und Jugendliche werden auf diese Möglichkeiten aufmerksam und wollen sie praktizieren. Es bleibt zu hoffen, dass die vielen Vereine in Österreich, von denen manche zu politisieren versucht wurden, auch den Versuchen einer Ökonomisierung entsprechend Widerstand leisten werden und damit der Freiheit durch viele Vereine weiterhin gedient wird.[110] Sport-Betreiben – in welcher Form auch immer – trägt zur Persönlichkeitsgestaltung und zum sozialen Zusammenleben wesentlich bei.

---

110 Zapotoczky Klaus: Vereine als Spiegelbilder der (Zivil-)Gesellschaft? in: Brix Emil, Richter Rudolf (Hrsg.): Organisierte Privatinteressen. Vereine in Österreich, Passagen Verlag, Wien 2000.

3.6. Berufe und Hobbies als Entfaltungsmöglichkeiten.

Vielen Menschen ist es vergönnt, dass sie das, was sie gern tun und Tätigkeitsbereiche, in denen sie ihre besonderen Fähigkeiten entfalten können, als Beruf haben. Manche dieser Menschen schaffen den Übergang in den Ruhestand nicht und gehen mit dem Übertritt in die Pension oder Rente mehr oder minder ein. Leopold Stieger hat diese Vergeudung von Know How und diesen Verlust von Lebenssinn vor Jahren bemerkt und versucht seither, entsprechend gegenzusteuern.[111] Andere, die sich in ihrem – vielleicht gut bezahlten, aber wenig befriedigenden – Beruf eher entfremdet fühlten, können – nach dem Übertritt in Pension und Rente – endlich ihren Hobbies nachgehen und sich neu entfalten. Andere schädigen sich in ihrer personalen Existenz durch einen unsinnigen, aber einträglichen Beruf grundlegend und verlieren ihre Lebensfreude.

Glücklich sind die Menschen, die schon in ihrer Jugend einem Hobby nachgegangen sind, das man auch im Alter gut praktizieren kann. Damit wird deutlich, dass in den sich differenzierenden modernen Gesellschaften sowohl im Beruf als auch in der Freizeit eine einheitliche Lebensstilgestaltung immer weniger möglich ist und dass es eine wichtige persönliche und gesellschaftliche Aufgabe ist, dass der Mensch in allen Lebens-Bereichen und Lebens-Stadien zu einem persönlichen Lebensstil findet,[112] der ihn entfaltet. Im Freizeit-Bereich scheint dies gesellschaftlich gut möglich, erfordert aber

111 Stieger Leopold: Freitätigkeit. Zwischen Beruf und Ruhestand. Sinnerfülltes Gestalten dieser Lebensphase, Wien 2018.

112 Zapf Wolfgang u.a.: Individualisierung und Sicherheit. Untersuchungen zur Lebensqualität in der Bundesrepublik Deutschland, Verlag C.H. Beck, München 1987.

durchaus erhebliches persönliches Engagement. Im beruflichen und öffentlichen Bereich erschweren anonyme Institutionen und ökonomisierte Einstellungen und Denkweisen oft eine menschen-, natur- und umweltverträgliche Lebensgestaltung, werden oft als unvereinbarer Sachzwang missverstanden und von vielen Menschen resignierend hingenommen. Neue Gestaltungsideen für Wirtschaft und Beruf, Politik und Öffentlichkeit sind notwendig und die Sozialwissenschaftler sind herausgefordert, sich einzumischen, wie der große französische Soziologe Pierre Bourdieu immer wieder betont hat und dabei insbesondere auch die Wichtigkeit der Beteiligung der benachteiligten gesellschaftlichen Gruppen betont hat.[113]

Die Überlegungen zur Entfaltung der menschlichen Fähigkeiten, die wir bisher angestellt haben sind vorwiegend – um es vorsichtig zu sagen – kognitionslastig und berücksichtigen emotionale und willentliche Fähigkeiten bestenfalls nebenbei. Das dürfte der starken kognitiven Prägung der europäischen Aufklärung geschuldet sein. Ich will mich hier durchaus Arno Geigers Aussage bzw. Interpretation von Immanuel Kant anschließen: „Erfahrung ohne Vernunft ist blind, Vernunft ohne Erfahrung leer“.[114] Erfahrung in Lebenserfahrung umzuwandeln und Emotionen und Willen entsprechend zu berücksichtigen, braucht nicht nur Nachdenken, sondern auch Innehalten und Distanz-Gewinnen.[115]

113 Bourdieu Pierre: Keine wirkliche Demokratie ohne wahre kritische Gegenmacht, in: Bourdieu Pierre: Die verborgenen Mechanismen der Macht, VSA Verlag, Hamburg 2005, S. 149 ff.

114 Geiger Arno: Unwiderlegbar ist die Gestalt. Rede zur Verleihung des Joseph-Breitbach-Preises 2018, in: Geiger Arno: Der Hahnenschrei. Drei Reden, Carl Hanser Verlag, München 2019, S. 42.

115 Geiger Arno, a.a.O., S. 41 ff.

Auch der von Geiger hinsichtlich des Gelingens oder Scheiterns von Literatur zitierten Frage zum Thema „Was ist der Mensch?“ kann ich zustimmen. „Unter welchen Bedingungen lebt er sein Leben?“ und ebenso der Aussage: „Meine Figuren … sind Helden und Hasenfüße in einem“.[116] Diese Kunst Geigers, sich in Menschen einzufühlen und sie in ihren Grau-Schattierungen darzustellen und nicht in eine Schwarz-Weiß-Malerei zu verfallen, macht seine Romane so lebensnahe und für viele nachvollziehbar. Jeder kann es lernen, sich in der Kunst und in anderen Bereichen auszudrücken, mit Hilfe dieser Bereiche zu sich selbst zu kommen und so seine Einmaligkeit und Einzigartigkeit zu verwirklichen. Je mehr Freude eine(r) daran hat, umso besser wird das Leben gelingen. Jede Emotion und jedes Wollen sind starke Kräfte, die uns helfen, unser je eigenes Leben zu gestalten. „Was man aber nicht widerlegen kann, ist die Gestalt“.[117]

Die modernen Gesellschaften – und damit auch die Menschen in ihnen – laufen heute Gefahr, gestalt- und konturlos zu werden. Wir müssen als Einzelne, Gemeinschaften und Gesellschaften wieder Gestalt gewinnen. Dieser Neu-Gestaltungsprozess kann und soll getragen sein von einer neuen und bewussten Wert-Gestaltung, die heute als unzeitgemäß gilt,[118] aber sowohl den Einzelnen und den verschiedenen Kollektiven gut tut.

116 Geiger Arno: Der Hahnenschrei. Rede zur Verleihung des Literaturpreises der Stadt Bremen 2019, in: Geiger Arno: Der Hahnenschrei. Drei Reden, Carl Hanser Verlag, München 2019, S. 75.

117 Geiger Arno, a.a.O., S. 43.

118 Comte-Sponville André: Ermutigung zum unzeitgemäßen Leben. Ein kleines Brevier der Tugenden und Werte, Rowohlt Verlag, 2. Auflage, Reinbek 2001.

DEN
KEN
Balance
4

4. Vielfalt erfordert Balance-Denken und Balance-Handeln.

Jeder Mensch ist nicht nur ein Lebewesen mit unterschiedlichen Fähigkeiten und Begabungen, sondern auch mit verschiedenen Leidenschaften und Interessen, Schwächen und Stärken, die in Balance zu bringen nicht immer leicht ist.

Ein Ethiker hat einmal – vielleicht im Scherz – den „Pfad der Tugend" als eine Gratwanderung zwischen Lastern bezeichnet, z.B. die Freigebigkeit als schmalen Pfad zwischen Geiz und Verschwendung beschrieben und viele wertgeschätzte Haltungen sind Balance-Akte zwischen zwei oder mehr – schwer zu vereinbarenden – Prinzipien, z.B. zwischen dem Prinzip der Persönlichkeitsentfaltung und dem Gemeinwohlprinzip oder zwischen dem Prinzip der Subsidiarität und dem Prinzip der Solidarität, zwischen der Tendenz zur Globalisierung und dem „Recht auf Familie und Heimat".

In der letzten Zeit haben sich Soziologen vermehrt mit dem Streben der Menschen nach Einzigartigkeit, nach Singularität beschäftigt,[119] aber auch in Politik, Wirtschaft und Zivilgesellschaft wird die Frage nach einem Allein-Stellungsmerkmal immer bedeutender und fragen sich viele Organisationen, was ihr Kerngeschäft ist oder, ob sie sich nicht besser – oft ohne genau zu spezifizieren, was sie als gut bzw. besser bezeichnen – auf dieses Kerngeschäft konzentrieren sollen.

---

119 Reckwitz Andreas: Die Gesellschaft der Singularitäten, Suhrkamp Verlag, 6. Auflage, Berlin 2018.

4.1. Zur Krise des Allgemeinen.

„Die spätmoderne Gesellschaft hat die gesellschaftliche Relation zwischen dem Allgemeinen und dem Besonderem radikal neu justiert" und damit „die Grundstrukturen und Gewissheiten" erschüttert. Reckwitz meint, dass „eine Neukonfiguration der Formen der Kerngesellschaft" stattfindet,[120] die dadurch beschleunigt wird, dass manche alte Formen – aus welchen unterschiedlichen Gründen immer – in vielen Bereichen unglaubwürdig werden, was weltanschauliche Gruppen und Institutionen besonders trifft.[121]

Lange Zeit war das Allgemeine quasi selbstverständlich und wurde zugleich als für alle gültig angesehen. Diese Selbstverständlichkeit ist schrittweise verloren gegangen und das Allgemeine hat – in den verschiedenen Bereichen unterschiedlich – an Bedeutung und Ansehen verloren. Der Differenzierung[122] ist die Spezialisierung und Professionalisierung gefolgt.

Im Sport waren Wettkämpfe, z.B. die Olympischen Spiele, lange Zeit vom Gedanken getragen: „Dabei-Sein ist alles." Inzwischen zählen nur mehr Medaillen und größte Bedeutung hat der Sieger, der (die) Gold-Medaillen-Gewinner(in), wobei meist Einzelsiege höher bewertet werden als Mannschaftssiege.

Der Gedanke, dass jeder Mensch ein Original ist, der seinen unverzichtbaren und einmaligen Beitrag zum Allgemeinen, zum Ge-

120 Reckwitz, a.a.O., S. 429.

121 Bogner Daniel: Ihr macht uns die Kirche kaputt, doch wir lassen das nicht zu, Herder Verlag, Freiburg 2019, S. 10.

122 Treibel Annette: Einführung in soziologische Theorien der Gegenwart, Verlag Leske + Budrich, Opladen 1993, S. 23 ff.

meinwohl zu leisten hat, war lange Zeit überlagert von Gesellschaftsstrukturen, die die Einzelnen in Ordnungen einfügten, in denen die Beiträge der Einzelnen quasi normiert waren.

Mit der (langsamen) Emanzipation der arbeitenden Bevölkerung in der industriellen Entwicklung und anderen Emanzipationsbewegungen (Jugendbewegung, Frauenbewegung, sexuelle Emanzipationsbewegungen) haben diese Ordnungen an Bedeutung verloren, werden Großorganisationen (Parteien, Gewerkschaften, Kirchen) zunehmend mit Skepsis betrachtet und verlieren an Glaubwürdigkeit. Dadurch wird Verunsicherung in den Gesellschaften bewirkt und werden persönliche Sinnkrisen verstärkt.

Die hohen Selbstmordraten in den sogenannten modernen Gesellschaften und die Zunahme des Anteils an anomischen Selbstmorden (die der französische Soziologe Emile Durkheim auf die Erschütterung der gesellschaftlichen Ordnung zurückgeführt)[123] an den gesamten Selbstmorden weisen in diese Richtung. Diese Selbstmordentwicklungen sind ein Indiz der Sinnkrise weltweit in allen Bereichen, die zwar zunehmend – sogar in der Wirtschaft und den Wirtschaftswissenschaften[124] – erkannt werden, aber bisher nicht zu einem entschlossenen gemeinsamen Handeln weder in einem der drei großen gesellschaftlichen Bereiche, Politik, Wirtschaft und Zivilgesellschaft, noch in den Großreligionen der Welt geführt haben.[125]

---

123 Bernsdorf Wilhelm, Knospe Horst (Hrsg.): Internationales Soziologenlexikon Band 1: Beiträge über bis Ende 1969 verstorbene Soziologen, F. Enke Verlag, Stuttgart 1980, S. 105 f.

124 Raworth Kate: Die Donut-Ökonomie. Endlich ein Wirtschaftsmodell, das den Planeten nicht zerstört, C. Hanser Verlag, München 2018.

125 Weizsäcker Ernst Ulrich von, Wijkman u.a., a.a.O., S. 12 f.

Vielfalt

In den meisten modernen Gesellschaften herrscht zugleich die Auffassung, dass der Staat oder andere Akteure der öffentlichen Hände eine Verpflichtung haben, jedem Einzelnen die Erfüllung gewisser Grundbedürfnisse garantieren zu müssen, wie Kranken- und Altersversorgung, Schutz vor Arbeitslosigkeit und gleiche Bildungschancen für jeden. Diese Quasi-Berechtigungen werden schnell und gerne akzeptiert, ein Bewusstsein, dass diesen „Rechten" auch „Pflichten" entsprechen müssen, entwickelt sich deutlich schwerer und langsamer. Daraus entsteht eine Kluft zwischen (gerechtfertigtem) Anspruchsdenken und (konkreten) Verwirklichungsmöglichkeiten. Daraus resultiert ein zunehmendes Unzufriedenheitsgefühl, das lähmend wirken kann und viele resignieren lässt bzw. hoffnungslos macht. Eine wichtige Ursache dieser Tendenz ist die Tatsache, dass wir eine gestörte Wirklichkeitssicht haben und häufig uns selbst und andere „belügen" – oft ohne uns dessen bewusst zu sein.

Vaclav Havel, der große tschechische Denker und Staatsmann, hat empfohlen zu versuchen, „in der Wahrheit zu leben".[126] Aber die Befolgung dieses Rates kann auch den (unbeabsichtigten) Effekt haben, dass Menschen sagen: Ich beschränke meine Aussagen auf den relativ engen Bereich, in dem ich mich gut auskenne. Damit ist der Rückzug auf (kleine) Einzelbereiche gegeben und das (größere) Ganze bleibt unreflektiert. Das kann zu Re-Ideologisierungen verschiedenster Art führen,[127] denen wir in ihren vielfältigen Formen heute vermehrt begegnen. Alte Ordnungen verlieren ihre Bedeutung, die Notwendigkeit von neuen Ansätzen wird erkannt,[128] (ent-

126 Havel Vaclav: Versuch, in der Wahrheit zu leben, Rowohlt Verlag, 10. Auflage, Reinbek 2000.

127 Wilber Ken: Integrale Spiritualität. Spirituelle Intelligenz rettet die Welt, Kösel Verlag, 6. überarbeitete Auflage, München 2007.

128 Weizsäcker Ernst Ulrich von, Wijkman u.a., a.a.O., S. 123 ff.

sprechende) Vorschläge liegen aber kaum vor oder werden zumindest skeptisch gesehen.[129]

Jeder Mensch hat nicht nur seine je spezifischen Begabungen und Fähigkeiten, sondern ist auch auf andere Menschen (vor allem seiner Umgebung) angewiesen, um zu überleben. (In den verschiedenen Lebensphasen allerdings in unterschiedlicher Weise.) Die Covid-19 Pandemie hat dies vielen deutlich gemacht, ohne dass schon ersichtlich wird, wie eine notwendige Neustrukturierung aussehen kann und viele noch undifferenziert von einer „Rückkehr zur Normalität“ sprechen, ohne deutlich zu machen, was sie warum „Normalität“ nennen. Es ist eine große Gefahr, sich an Falsches und Schädliches zu gewöhnen und dies als „normal“ zu empfinden.

Ohne eine effiziente Entwicklung von Gemeinschaften, die in ihren vielfältigen Formen und mit ihren unterschiedlichen Aufgaben zu sehen sind, insbesondere Familien und Gemeinden, werden die Menschen eine menschengerechte Entwicklung nicht unbeschädigt gestalten können. Wenn auch die Sichtweisen und konkreten Gestaltungsformen schon in den einzelnen europäischen Gesellschaften erstaunlich unterschiedlich sind, werden doch immer wieder auch weltweit beachtete Konzepte, z.B. von Familien-Soziologen und Gemeinde-Soziologen entwickelt und auch entsprechende methodische Vorgangsweisen erprobt.

Befremdlich ist, dass bei konkreten Gestaltungsplänen politischer Art auf eine entsprechende interdisziplinäre Zusammenarbeit verzichtet wird und vorhandenes Wissen entweder nicht bekannt oder seine Nutzung als zu teuer angesehen wird. Die Situation sollte ausreichend bekannt sein, fehlende Beachtung sowohl von Seiten der

---

129 Korten David C.: Change the Story, Change the Future, Weltsichten und ökonomischer Wandel, Phänomen Verlag, München 2015.

Wissenschaft als auch von Seiten der Politik ist unverständlich, inhaltlich oft schädlich, langfristig teuer und für die Betroffenen oft schmerzlich. Dringender Handlungsbedarf ist gegeben. Wer kann und will ihn einfordern? In anderen Bereichen ist die Situation vergleichbar. Die gegebene Situation nützt denjenigen, die zu Änderungen legitimiert sind und vom eigenen Nicht-Handeln profitieren.

Johan Galtung hat solche Zusammenhänge als strukturelle Gewalt beschrieben und dagegen angekämpft.[130] Auch andere Sozialwissenschaftler, z.B. Helmut Schelsky, haben sich mit dem Phänomen „Funktionäre" beschäftigt und gefragt, ob diese Funktionäre das Gemeinwohl, dem sie dienen sollen, gefährden?[131] Helmut Schelsky (1912-1984) hat in seinem funktionärskritischen Buch 1982 zu einer Gewerkschaftsreform aufgerufen, diese allerdings der damaligen Regierung der Bundesrepublik Deutschland nicht zugetraut und ist zugleich für eine Erneuerung der Sozialpartnerschaft eingetreten. Seither ist leider in Europa, insbesondere auch in Deutschland und Österreich, nur wenig geschehen und ist eine umfassende Erneuerung der Gewerkschaftsbewegung zugunsten des Gemeinwohls nicht geleistet worden.

Dem alten Prinzip: „Das Ganze ist mehr als die Summe seiner Teile" wird zwar nicht mit nachvollziehbaren Argumenten widersprochen, aber das Leben wird so gestaltet, als ob es dieses Prinzip nicht mehr gäbe. Der Eindruck wächst, dass das Allgemeine zwar als wichtig gesehen wird, zugleich aber unrealisierbar erscheint. Der

130 Galtung Johan: Eine strukturelle Theorie des Imperialismus, in: Senghaas Dieter (Hrsg.): Imperialismus und strukturelle Gewalt. Analysen über abhängige Reproduktion, Suhrkamp Verlag, Frankfurt/Main 1972.

131 Schelsky Helmut: Funktionäre. Gefährden sie das Gemeinwohl? Seewald Verlag, Stuttgart 1982.

Hang zum Perfektionismus (auch im Kleinen) erschwert durchaus Gesamtsichten zusätzlich. So entsteht bei vielen eine resignative Haltung, die lähmend wirkt und notwendige Veränderungen verhindert. Wenn die Vorstellungen vom Ganzen verblassen, gewinnt ein induktives Denken die Oberhand. Trotzdem bleiben Mythen, Träume und Phantasien wichtig und beflügeln Denken und Tun in allen Bereichen, wie Popper 1979 für Dichtung und Wissenschaft feststellen zu können meinte.[132] Freilich können auch Zauber verschiedener Art, vor denen Popper explizit warnt, von dieser Situation in allen Bereichen profitieren.

132 Popper Karl R.: Schöpferische Selbstkritik in Wissenschaft und Kunst (gestohlen aus Beethovens Skizzenbüchern) in: Popper Karl R.: Auf der Suche nach einer besseren Welt. Vorträge und Aufsätze aus dreißig Jahren. Piper Verlag, 9. Auflage, München, Zürich 1997, S. 259.

4.2. Balance zwischen Solidarität und Subsidiarität.

Auf Bruno Kreisky geht die Weiterentwicklung des Mottos der Französischen Revolution von „Freiheit, Gleichheit und Brüderlichkeit" zu „Freiheit, Gleichheit, Solidarität" und die Erweiterung der Demokratie auf alle Lebensbereiche zurück.[133] In Frankreich ist die Freiheits- und Demokratie-Bewegung der Französischen Revolution, die sich schnell auf ganz Europa ausgebreitet hatte und überall spürbar war, schnell zu einer Schreckensherrschaft degeneriert und es hat lange gedauert bis Frankreich eine Demokratie wurde. Demokratische Ideen und Tendenzen wurden in anderen Ländern weitergeführt und haben unterschiedliche Formen angenommen.

Die Arbeiterbewegung, lange getragen vom Kommunistischen Manifest[134] von 1848 von Karl Marx und Friedrich Engels, forderte mit seinem Slogan „Proletarier aller Länder vereinigt euch" eine Solidarisierung aller Arbeiter und schloss alle anderen, insbesondere aber die Klassenfeinde, die Kapitalisten, von dieser Solidarisierung aus. Der Nationalismus, quasi eine Gegenbewegung zum Internationalismus der Arbeiterbewegung à la Marx und Engels, erreichte im 20. Jahrhundert in Europa große Bedeutung und prägte in unterschiedlichen Formen Europa bis nach dem Zweiten Weltkrieg.

Auf der Basis der Erfahrungen mit dem deutschen Nationalsozialismus entwickelten weitblickende Politiker die Europäische Union, ein bewundernswertes Friedensprojekt, das dringend, insbesondere

133 Kreisky Bruno: Aspekte des demokratischen Sozialismus, Aufsätze, Reden, Interviews, List Verlag, München 1974.

134 Marx Karl, Engels Friedrich: Das kommunistische Manifest, Anaconda Verlag, Köln 2009.

nach den Erweiterungen nach 1989 einer inneren und vom Bewusstsein der Bevölkerung getragenen Konsolidierung bedarf. Im Grunde geht es zunächst um die Verlebendigung und die konkreten, situationsbezogenen Umsetzungen der Grundprinzipien der europäischen Bewegung durch viele. Aber es fehlt an europäischer Bewusstseinsbildung bei den europäischen Bevölkerungen. Vielleicht kann die Brexit-Affäre den nötigen Anstoß dazu geben, ein europäisches Bewusstsein in den Mitgliedsländen zu stärken. Große Ziele brauchen vor allem die kleinen Schritte von vielen und es ist die Kunst der Verantwortlichen, nicht nur den jeweils geeigneten Zerlegungsprozess zu finden, sondern diese Differenzierungen und ihre Reintegrierungsprozesse den Beteiligten in attraktiver Weise nahezubringen. Dies ist auch ein Kommunikationsproblem, das in Europa mit seiner Sprachenvielfalt schwer zu lösen ist. Es kann aber durchaus gelingen, gemeinsames in verschiedenen Sprachen authentisch zu vermitteln. Experimente und Projekte sind zu entwickeln und zu erproben.

4.2.1.Große Ziele für das 21. Jahrhundert.

Die G 8- (bzw. derzeit G 7), die G 20-Staaten oder die wichtigsten Gremien der UNO oder auch die Großregionen der Welt entwickeln für ihre Bereiche oder auch für die gesamte Welt Ziele, wie zum Beispiel die Millenniums-Goals oder die SDGs (die Sustainable Development Goals) und auch Institutionen wie der Papst, die Nobelpreisträger, der Club of Rome oder Einzelpersonen wie Geoffrey Sachs, Kate Raworth oder Greta Thunberg, die eine gewisse Popularität erreichen und von vielen (in ihren Bereichen) aufgegriffen und in den (Massen-)Medien rezipiert werden, beeinflussen die weltweite Diskussion. Hier wollen wir uns mit den SDGs auseinandersetzen und gelegentlich auf andere Ansätze hinweisen. Zunächst ist zu fragen:

- **Welche Möglichkeiten haben die Menschen die Welt zu gestalten?**
- **Was tun sie bereits und wie wirkt dieses Tun?**
- **Was muss getan und was unterlassen werden?**

In einigen Bereichen handelt die Menschheit grob fahrlässig, weil sie nicht darüber nachdenken will, welche Konsequenzen das Handeln bzw. Nicht-Handeln mit großer Wahrscheinlichkeit haben wird. Die Nutzung der Atomenergie ist ein Beispiel, die Luftverunreinigung, die Übersäuerung der Meere und die vergeudende Nutzung seltener Rohstoffe sind weitere Beispiele verantwortungslosen Handelns, das weltweit geduldet wird.

Wir wollen im Folgenden die wichtigsten Ziele(-gruppen) benennen und einer ersten kritischen Reflexion unterziehen, bevor wir uns in einem weiteren Unterkapitel damit auseinandersetzen, welche Mittel zur Zielerreichung verwendet werden dürfen und welche nicht. Denn: Kein Zweck „heiligt" ein Mittel, bestenfalls kann ein vorrangiger Zweck zur Duldung eines bedenklichen Mittels führen. Jedenfalls ist ein theoretischer Perfektionismus, der die Vielfalt des Lebens nicht berücksichtigen kann, zu vermeiden. Das Leben ist vielfältig und die Gesellschaften differenzieren sich immer mehr,[135] aber die mächtigen Institutionen weltweit sind weitgehend vereinheitlicht.

135 Treibel Annette: Einführung in soziologische Theorien der Gegenwart, VS Verlag für Sozialwissenschaften, 7. aktualisierte Auflage, Wiesbaden 2006, S. 41 ff.

Die UNO hat am 25. September 2015 die Sustainable Development Goals beschlossen, damit man einen Maßstab hat, nach dem die Welt-Gesamtentwicklung beurteilt werden kann. Die Ziele sind die folgenden:

1. *Armut beenden: Armut in all ihren Formen und überall beenden.*
2. *Ernährung sichern – den Hunger beenden: Ernährungssicherheit und eine bessere Ernährung erreichen und eine nachhaltige Landwirtschaft fördern.*
3. *Gesundes Leben für alle: Ein gesundes Leben für alle Menschen jeden Alters gewährleisten und ihr Wohlergehen fördern.*
4. *Bildung für alle: Inklusive, gerechte und hochwertige Bildung gewährleisten und Möglichkeiten des lebenslangen Lernens für alle fördern.*
5. *Gleichstellung der Geschlechter: Geschlechtergleichstellung erreichen und alle Frauen und Mädchen zur Selbstbestimmung befähigen.*
6. *Wasser und Sanitärversorgung für alle: Verfügbarkeit und nachhaltige Bewirtschaftung von Wasser und Sanitärversorgung für alle gewährleisten.*
7. *Nachhaltige und moderne Energie für alle: Zugänge zu bezahlbarer, verlässlicher, nachhaltiger und zeitgemäßer Energie für alle sichern.*
8. *Nachhaltiges Wirtschaftswachstum und menschenwürdige Arbeit für alle: Dauerhaftes, breitenwirksames und nachhaltiges Wirtschaftswachstum, produktive Vollbeschäftigung und menschenwürdige Arbeit für alle fördern.*

9. *Widerstandsfähige Infrastruktur und nachhaltige Industrialisierung: Eine widerstandsfähige Infrastruktur aufbauen, breitenwirksame und nachhaltige Industrialisierung fördern und Innovationen unterstützen.*
10. *Ungleichheit verringern: Ungleichheit in und zwischen Ländern verringern.*
11. *Nachhaltige Städte und Siedlungen: Städte und Siedlungen inklusiv, sicher, widerstandsfähig und nachhaltig gestalten.*
12. *Nachhaltige Konsum- und Produktionsweisen: Nachhaltige Konsum und Produktionsweisen sicherstellen.*
13. *Sofortmaßnahmen ergreifen, um den Klimawandel und seine Auswirkungen zu bekämpfen.*
14. *Bewahrung und nachhaltige Nutzung der Ozeane, Meere und Meeresressourcen.*
15. *Landökosysteme schützen: Landökosysteme schützen, wiederherstellen und ihre nachhaltige Nutzung fördern, Wälder nachhaltig bewirtschaften, Wüstenbildung bekämpfen, Bodendegradation beenden und umkehren und dem Verlust der biologischen Vielfalt ein Ende setzen.*
16. *Frieden, Gerechtigkeit und starke Institutionen: Friedliche und inklusive Gesellschaften für eine nachhaltige Entwicklung fördern, allen Menschen Zugang zum Recht ermöglichen und leistungsfähige, rechenschaftspflichtige und inklusive Institutionen auf allen Ebenen aufbauen.*
17. *Umsetzungsmittel und globale Partnerschaft stärken: Umsetzungsmittel stärken und die globale Partnerschaft für nachhaltige Entwicklung mit neuem Leben füllen.*

Bei den meisten SDGs wird darauf hingewiesen, dass die angesprochenen Ziele für alle gesichert werden sollen. In den Diskussionen wurde zum Teil auch vorgeschlagen, die jeweiligen Ziele als Menschenrechte zu definieren. Was nützen aber formulierte und auch deklarierte (Menschen-)Rechte, wenn sie praktisch nicht erfüllbar sind. Die Total-Utopie lautet: „Für alle alles sofort." Jeder vernünftige Mensch weiß, dass dies nicht möglich ist und dass überzogene Erwartungen ständige Unzufriedenheit bewirken.

4.2.2. Mittel, diese Groß-Ziele zu erreichen.

Zentrale Fragen in diesem Zusammenhang sind:

- **Was kann – Schritt für Schritt – für alle mit den Ressourcen, die unser Planet besitzt, erreicht werden, ohne mittel- und langfristig den Planeten zu schädigen?**
- **Mit wie wenig kann jeder – ohne Schaden für seine Entwicklung - auskommen?**
- **Welche Solidaritätsnetzwerke sind erforderlich und wie können sie weltweit partnerschaftlich aufgebaut werden?**
- **Welche Gefahren bedrohen uns gegenwärtig und vor welchen Zukunftsgefahren müssen wir uns schützen?**

Dem Main-Stream des politischen und wirtschaftspolitischen Denkens und Handelns, der aus den SDGs zu ersehen ist, stellt Kate Raworth ihre Donut-Ökonomie gegenüber. Raworth, eine erfahrene Praktikerin, jahrelang in der Weltbank tätig und von Senior Experts dort hoch geschätzt, entwickelt in Auseinandersetzung mit den Wirtschaftstheoretikern der Universitäten Oxford und Cambridge einen alternativen Ansatz, der davon ausgeht, was mit den Ressourcen dieser Erde für die Menschen möglich ist, ohne den Planeten zu zerstören und geht davon aus, was die drängendsten Probleme heute sind. Sie formuliert folgende Ansätze und korrigiert damit die bisher üblichen vier großen Fragen der Makroökonomie, nämlich:[136]

1. *Wodurch wird das Wirtschaftswachstum gefördert und was verursacht seine Schwankungen?*
2. *Was sind die Ursachen für Arbeitslosigkeit?*
3. *Wodurch wird Inflation hervorgerufen?*
4. *Wodurch werden die Zinsen bestimmt?*

die immer noch die wirtschaftswissenschaftlichen Ausbildungsstätten dominieren.

Dem stellt Raworth sieben Ansätze entgegen, „wie ein Ökonom des 21. Jahrhunderts zu denken:[137]

1. *Das Ziel verändern.*
2. *Das Gesamtbild erfassen.*
3. *Die menschliche Natur pflegen und fördern.*
4. *Systemisches Denken lernen.*
5. *Auf Verteilungsgerechtigkeit zielen.*
6. *Auf Regeneration zielen.*
7. *Eine agnostische Haltung zum Wachstum einnehmen.*

Raworth entwickelt nicht nur diese sieben Ziele zukunftsweisenden Wirtschaftens auf der Grundlage der Ressourcen, die unser Planet besitzt und mit denen wir Haushalten müssen, sondern zeigt auch konkret auf, wie dies ihrer Meinung nach gehen kann.

---

136 Raworth Kate: Die Donut-Ökonomie. Endlich ein Wirtschaftsmodell, das den Planeten nicht zerstört, Carl Hanser Verlag, München 2018, S. 51.

137 Raworth Kate, a.a.O., S. 36 ff.

Dafür wird eine andere Ausbildung der künftigen Wirtschaftswissenschaftler und Wirtschaftsverantwortlichen notwendig, wie ich an anderer Stelle zu zeigen versucht habe.[138]

Solidarität und Subsidiarität verwirklichen sich nicht im Hochhalten von Prinzipien und Idealen, sondern im konkreten Tun auf allen Ebenen im konkreten Alltag. Auf allen Ebenen haben beispielgebende Persönlichkeiten eine kaum zu überschätzende Bedeutung, wie das positive und negative Beispiel von Eltern für die Kinder und auch das Beispiel von „Helden" und „Verrätern" für die Gesellschaften zeigen. Aber auch einschneidende Erlebnisse von Einzelnen und Gruppen können prägenden Einfluss auf die Lebensgestaltungen haben, die manchmal bewusst sind und – etwa in der Familie – zu Erzählungen werden oder manchmal lange Zeit unerkannt wirksam sind, bis sie – vielleicht zufällig – entdeckt werden.

Wie und in welchen Netzwerken Solidarität praktisch am besten verwirklichbar ist, weiß ich nicht. Was ich aber weiß ist, dass in einer globalisierten Welt auch weltweites solidarisches Handeln – in welcher Form auch immer – notwendig ist. Kritik an den eigenen Egoismen und Kritik durch weltweites Gemeinschaftshandeln kann uns dem – vielleicht und hoffentlich – näherbringen. Solidarität oder Geschwisterlichkeit, das dritte Prinzip der Französischen Revolution, muss in einer „vollen Welt", deren Lebensbereiche sich immer mehr globalisieren, anders aussehen als in den früheren ortsbezogenen, weniger mobilen Gesellschaften. Die entscheidenden Fragen sind: **Wie kann Solidarität (Geschwisterlichkeit) zugleich konkret und umfassend gelebt werden? Welche Netze müssen entstehen?**

---

138 Zapotoczky Klaus: Wirtschaft als Beruf, in: Zapotoczky Klaus, Pracher Christian, Strunz Herbert (Hrsg.): Gemeinschaft und Engagement. Eckpfeiler zum Weiterdenken, Mercur Verlag, Wien, Berlin 2017, S. 325 ff.

4.3. Balance zwischen Heimat und Globalisierung.

Die modernen Menschen haben den Slogan geprägt: „Global denken, lokal handeln“ und damit zum Ausdruck gebracht, dass heute – in einer vollen und vielfältig vernetzten Welt – globales Denken notwendig ist und zugleich konkretes, praktisches Handeln für viele nur lokal möglich ist. Beispielhaft sei auf den Großen Bericht des Club of Rome, insbesondere Teil 1 und Teil 3, verwiesen.[139] Das vermehrte Anspruchs-Denken, das sich – immer mehr – in schönen, vielleicht gut gemeinten, meist aber nicht realisierbaren Rechten niederschlägt, denen keine Verpflichtungen und praktischen Realisierungsmöglichkeiten gegenüberstehen, das in den sogenannten entwickelten Gesellschaften das Verhalten der Menschen prägt, führt dazu, dass die Menschen zwar über vieles verfügen und erfolgreich wurden, trotzdem aber mit sich und der Welt nicht zufrieden sind.

Diese Situation ist nicht neu, wurde schon früh von hellhörigen Menschen registriert und von Wolfgang Aigner mit der Theorie des zerbrochenen Rückgrats[140] erklärt, die sich in der Aussage zusammenfassen lässt: Vielleicht ist unsere Generation deshalb so erfolgreich und zugleich so unzufrieden, weil wir unsere Ideale aufgegeben haben, um erfolgreich zu werden. Diese Ansicht – entwickelt

139 Weizsäcker Ernst Ulrich von, Wijkman Anders u.a.: Club of Rome: Der große Bericht. Wir sind dran. Was wir ändern müssen, wenn wir bleiben wollen. Eine neue Aufklärung für eine volle Welt, Gütersloher Verlagshaus, 4. aktualisierte Auflage, Gütersloh 2018.

140 Aigner Wolfgang: Zerbrochenes Rückgrat, in: Schulmeister Otto (Hrsg.): Offene Briefe an die Österreicher, Verlag Fritz Molden, Wien – München – Zürich 1970, S. 14.

am Anfang der Siebziger Jahre – ist heute besonders in Österreich weit verbreitet und kann nur durch „den Willen zur Handlung und den Mut zum Widerspruch“, die sich nur in der Jugend entwickeln und von den gesellschaftlichen Spitzenautoritäten durch Selbstrelativierung gefördert und durch Vernetzung der Jungen durchgehalten werden kann.[141] Wird es in unseren Gesellschaften, in der Europäischen Union, in Gesamt-Europa und in der Weltgesellschaft, die – hoffentlich – in menschenfreundlicher Form im Entstehen ist, ausreichend viele junge Menschen und einsichtige Entscheidungsträger geben?

Im 20. Jahrhundert hat die Weltbevölkerung in einem bis dahin völlig unbekannten Ausmaß zugenommen, nämlich sich vervierfacht, sodass wir heute in einer vollen Welt leben und gleichzeitig ein Verhalten praktizieren, das die Kapazitäten des Planeten in starkem Ausmaß überfordert, ohne dass die Menschen – weitgehend unabhängig von ihrem Bildungsstand – sich dessen bewusst sind.

Heute ist eine weltweite Transformation, eine neue Form von Globalisierung, dringend erforderlich. Wo soll sie ansetzen? Zunächst ist eine ehrliche Standortbestimmung notwendig. Wer soll diese durchführen, wenn die Standortbestimmung der Soziologie, – zumindest im deutschsprachigen Raum – die zwar hoffnungsvoll begonnen wurde,[142] nicht wirklich geglückt erscheint bzw. dringend entsprechender Impulse bedarf? An den Universitäten und nicht nur dort wird Lehr- und Forschungsfreiheit in einer Weise missinterpretiert, dass Forschungsziele beliebig und ohne gesellschaftliche Verpflichtungen von allen Beteiligten gesetzt werden dürfen. Die jeweilige Gesellschaft und nicht die für die Zielsetzung Verantwortlichen

141 Aigner Wolfgang, a.a.O., S. 18.

142 Schelsky Helmut: Ortsbestimmung der deutschen Soziologie, Eugen Diederichs Verlag, Düsseldorf – Köln 1959.

haben die Kosten für den Aufwand zu tragen und sollen sich sonst nicht einmischen. Ist ein solcher Zustand wünschenswert? Wenn nein, dann sind gangbare Transformationswege erforderlich, die zunächst geplant, dann verwirklicht, laufend evaluiert und entsprechend korrigiert werden müssen. Auch die Wissenschaften sind scientiae semper reformandae und bedürfen der Selbstkritik, der Kritik durch andere und der Kritik, die aus der Gemeinschaftsarbeit kommt.[143]

Beginnen wir mit diesen Transformationsbemühungen bei uns selbst und versuchen wir überall, wo jede(r) Einfluss nehmen kann, bei den verschiedenen anderen Einzelnen, bei Gruppen, Firmen, Institutionen, Vereinen, Gesellschaften und der werdenden Weltgesellschaft, dahin zu wirken, dass sich die entsprechenden Akteure, und in erster Linie wir selbst, die Fragen stellen: Woher komme ich? Wohin gehe ich? Welchen Sinn hat mein Leben?, die uns allen Kardinal Franz König nahegelegt hat.[144] Die – einfach erscheinende – Frage: Woher komme ich? kann sehr unterschiedlich verstanden und beantwortet werden.

Wir können sagen, dass wir durch die Gemeinde, in der wir geboren und aufgewachsen sind und auch durch den Ort, an dem wir (jetzt) leben, geprägt sind.

Bei Kindern hat man (früher) gefragt: Zu wem gehörst du? Die Kinder haben dann die Familie (am Land auch das Haus) zu der sie

143 Popper Karl R.: Schöpferische Selbstkritik in Wissenschaft und Kunst (gestohlen aus Beethovens Skizzenbüchern), in: Popper Karl R.: Auf der Suche nach einer besseren Welt. Vorträge und Aufsätze aus dreißig Jahren, Piper Verlag, 9. Auflage, München 1997, S. 261.

144 König Franz: Kardinal Franz König. Gedanken für ein erfülltes Leben, Styria Verlag, Graz 2013.

gehören, genannt. Am Land haben viele Bauernhöfe auch Hausnamen, die oft eine lange Geschichte haben und prägend wirken.

Markus Hengstschläger hat in seinem jüngsten Buch dargestellt, dass wir durch unsere Eltern eine genetische Grundausrüstung vermittelt bekommen, quasi die Gestaltungs-Werkzeuge für unser Leben, die zugleich durch die Umwelten, in denen wir leben geprägt sind und auch von unserem Wollen und unserer Selbstgestaltungsfähigkeit abhängen.[145]

Meine Herkunft ist sowohl familiär und geographisch, aber auch durch die vorherrschenden Interessen in meinen Umwelten und durch die Möglichkeiten, die mir geboten wurden oder ich mir erkämpft habe, geprägt, manches habe ich gerne aufgegriffen, anderes im Widerstand ertrotzt, wieder anderes nicht wahrgenommen. So hat jeder sehr unterschiedliche Möglichkeiten besser oder schlechter genutzt, bei manchen blieb manches eine Sehnsuchtshoffnung, die sich manchmal doch noch erfüllte, bei anderen entstand „Abneigung wegen Überfluss", bei wieder anderen blieben große Möglichkeiten aus den verschiedensten Gründen ungenützt. Vielen blieben gewisse Möglichkeiten verschlossen, waren zum Teil unbekannt und führten manchmal doch zu späten Entdeckungen. Manche entfremdeten sich von ihren Verwandten, wurden erfolgreich und unglücklich, andere fanden nach verschlungenem Suchen zu ihrem einmaligen Entfaltungsweg, andere konnten ihre Begabungen – aus den verschiedensten Gründen – nicht nutzen. Einige fanden nie wirklich zu sich selbst.

145 Hengstschläger Markus: Die Lösungsbegabung. Die Gene sind nur unser Werkzeug. Die Nuss knacken wir selbst! Ecowin Verlag, 2. Auflage, Salzburg – München 2020.

Mancher (junge) Mensch weiß gar nicht, wohin er geht und auch nicht wohin er gehen soll. Er lässt (lange Zeit) das Leben einfach laufen. Andere bemühen sich, zum Teil krampfhaft, von den Eltern oder auch von ihnen selbst aufoktroyierte Ziele zu erreichen, andere entwickeln Wünsche, Sehnsüchte, Utopien, die für sie unerreichbar sind, aber ihr Leben bestimmen, manche scheuen sich, überhaupt Ziele zu formulieren, an denen sie scheitern können, sondern beschränken sich auf für sie erreichbar Ziele wie Eigentumswohnung, Mittelklasse-Auto, berufliche Aufstieg und ähnliches. Andere lehnen es ab, die Kantische Frage „Was darf ich hoffen?" für sich selbst zu beantworten, ja sogar auch, diese Frage auch nur an sich stellen zu lassen.

Dieser ersten perspektivischen Sicht sowohl nach der Herkunft als auch nach der Zukunft bekommt durch die dritte Frage von König: Welchen Sinn hat mein Leben? noch eine andere Dimension oder eine weitere Perspektive, die immer auch durch die jeweilige persönliche Lebenssituation mitgeprägt ist. Ich selbst kann mich hier als Beispiel-Fall heranziehen.

Seit meinen Gesundheitsproblemen 2015 und 2016 und mein unwahrscheinliches Überleben bestimmen andere Kriterien mein Leben. Ich frage mich, was mein Dienst an allen Menschen, besonders an den mir Nahestehenden, sein soll.

Die dritte Frage von Kardinal König lautete: Welchen Sinn hat mein Leben? Die Beantwortung dieser Frage ist ebenso notwendig wie schwierig. Im Nachhinein ist man meistens klüger. Aber niemand kann mit Sicherheit sagen, dass es ein Nachher geben wird. Die Menschen können sich lediglich bemühen, sinnvoll zu handeln. Was wirklich einen Sinn macht, kann niemand sicher wissen. Letztlich bleibt nur das Vertrauen in den anderen und sich selbst, dass jede(r) immer wieder seiner Verantwortung für sich, die Menschen um ihn und die Menschheit gerecht wird und ehrlich bemüht ist, das Seine – wie viel oder wie wenig das jeweils ist – beizutragen.

Jede (falsche) Sicherheit und dadurch gegebene Fundamentalismen und Radikalismen sind zu vermeiden und ein flexibles Bemühen um die jeweils bestmögliche Lösung ist anzustreben. Veränderungsbereites, beharrliches Bemühen im Sinne des Wortes „Wer immer strebend sich bemüht, den können wir erlösen“ ist immer wieder gefragt. Aufgeben und Resignation sind kein Zukunftsprogramm, aber eine ständige Versuchung. Das Durchhalten bedarf sowohl der Vernetzung als auch der sinngetragenen Kommunikation.

Die Frage: Welchen Sinn hat mein Leben? kann meiner Meinung nach auf mindestens drei Ebenen behandelt werden, für die uns bisher nur vorläufige Überlegungen und Ahnungen vorliegen:

1. **Ist es den Menschen möglich, einen Sinn ihres Lebens, der Geschichte und des Kosmos zu erfassen?**
2. **Wer darf (auf Grund welcher Legitimation) einen Sinn meines Lebens beurteilen?**
3. **Gibt es überhaupt einen Sinn des Lebens, der Geschichte und des Kosmos und welchen Kriterien folgt die Sinn-Suche?**

Weil bisher keine allgemein gültigen Antworten auf diese Fragen vorliegen, muss einerseits ständig weitergefragt werden und andererseits ist jeder Mensch herausgefordert, für sich verantwortungsvoll eine Entscheidung in diesen und ähnlichen Fragen zu treffen und zugleich für neue Sichtweisen offen zu bleiben.

Mir persönlich ist deutlich geworden, dass „Heimat“ nicht nur eine bestimmte Gegend ist, in der man aufgewachsen ist und geprägt wurde, sondern dass Heimat einen Raum darstellt – wie immer der gestaltet ist – in dem man sich gehalten fühlt, Rückhalt verspürt und

Halt findet. Dies setzt auch gewisse materielle Grundbedingungen voraus, die aber nicht überschätzt werden dürfen, sodass vielleicht die Aussage „Ubi bene, ibi patria“ Wo es mir gut geht, dort bin ich zu Hause in dem Sinn verstanden werden muss, dass gut gehen sehr umfassend verstanden werden muss und sowohl materielle als auch psychische, soziale und spirituelle Aspekte umfassen muss. Jeder Mensch braucht Gemeinschaften, in denen er Verständnis für alle seine Bedürfnisse finden kann und ein Urvertrauen, dass letztlich alles gut werden kann.

Allerdings sind die Differenzierungs-Tendenzen in den modernen Gesellschaften sehr groß und manchen, vor allem vielseitig Begabten und Interessierten, gelingt es (gelegentlich) nicht, die divergierenden Gemeinschaften, in denen sie leben, zu integrieren und ihre vielfältigen Interessen und Kontakte unter ein Dach zu bringen.

Zugleich wird immer mehr bewusst, dass in einer vollen Welt ein „Gut-Gehen“ auf Dauer nur möglich sein wird, wenn es allen (möglichst vielen) gut geht und nicht Ungerechtigkeit und Diskriminierung vorherrschen. Aber nicht formelle Rechte und Deklarationen werden eine solche Situation schaffen, sondern das konkrete, ehrliche Bemühen möglichst vieler. Dabei werden alle diejenigen, denen es „besser geht“, mehr beitragen müssen als die anderen und nicht danach trachten dürfen, dass eine Situation, die ihnen Vorteile bringt, weiterhin aufrecht erhalten wird. Wer aber will Macht abgeben, Reichtum teilen und Wissen für alle zur Verfügung stellen?

5 Achtsamkeit

5. Achtsamkeit als Lebensaufgabe?

Achtsam zu sein ist jedem Menschen aufgetragen. Keiner kann diesen Auftrag perfekt, aber doch – mehr oder minder gut – erfüllen. In der Regel gehen die Menschen unterschiedlich achtsam mit sich selbst, mit anderen Menschen, Tieren und Pflanzen, aber auch Dingen, um. Auch im Zeitablauf eines Menschen oder einer Gesellschaft und nach Regionen wird Achtsamkeit unterschiedlich gesehen und gelebt.

Was ist unter Achtsamkeit zu verstehen? In einer ersten Annäherung können wir sagen: „Achtsamkeit bedeutet auf den gegebenen Moment (eines Lebenszusammenhangs) zu achten, ohne zu urteilen." Meistens sagen für ein Ereignis, einen (Lebens-)Moment gebrauchte Wörter und die ihnen verwandten Wörter inhaltlich mehr aus als eine Definition. Achtsamkeit hängt mit achten, beachten, verachten, Achtung, Achtung haben, Beachtung schenken, Verachtung empfinden, sich in Acht nehmen, auf jemanden Acht geben und mit vielen Redensarten, die zu diesen Ausdrücken gehören, wie zum Beispiel der militärische Befehl: „Habt Acht" oder die Startformel bei Wettrennen: „Achtung, fertig, los" zusammen.

Oft sind die Menschen durch komplizierte Lebenssituationen enorm gefordert, manchmal überfordert und bedürfen dringend einer – möglichst achtsamkeitsbasierten – Stressreduktion. Fehlende Achtsamkeit kann aber unterschiedliches Fehlverhalten wie Schlaflosigkeit, Appetit- und Lustlosigkeit aber auch Konzentrationsschwäche und Burn-out zur Folge haben.

Es gibt viele Arten von Achtsamkeit. Für unseren Zusammenhang wollen wir vier Arten von Achtsamkeit unterscheiden:

- Achtsamkeit gegenüber Menschen,
- Achtsamkeit gegenüber Tieren,
- Achtsamkeit gegenüber Pflanzen und
- Achtsamkeit gegenüber Dingen.

Nichts sollen wir gering schätzen und zugleich sollen wir auch nichts überschätzen. Die entsprechende Achtsamkeitsbalance in jeder Situation zu finden und danach zu leben, gelingt nicht immer, hoffentlich aber immer wieder. Auch schwierigen Aufgaben wie diesen müssen wir uns – manchmal mit Hilfe von anderen, manchmal auch alleine – immer wieder stellen, sie bestmöglich zu erfüllen trachten und dürfen nicht (resignierend) aufgeben.

5.1. Achtsamkeit gegenüber Menschen.

Die ursprüngliche Form von Achtsamkeit haben die Menschen in Familienverbänden entwickelt, was nie ganz problemlos war, wie biblische Geschichten und Märchen und Mythen der verschiedensten Kulturen deutlich zeigen. In allen Kulturen haben sich (streng) geregelte Familienstrukturen entwickelt, die den unterschiedlichen Situationen entsprechend verschiedene Formen annehmen konnten, aber immer dazu dienten, das Überleben der Gruppe zu sichern.

Wir kennen die Achtsamkeit der Eltern gegenüber den Kindern und der Kinder gegenüber den Eltern, wobei es in manchen Regionen auch – in der Regel ritualisierte – Formen von Ausnahmen von dieser Achtsamkeitsregel gab, wie z.B. das Verlassen von schwach gewordenen alten Menschen in den Polargegenden.[146]

Wir wollen uns hier aber nicht mit den Ausnahmen und Kuriositäten befassen, sondern darzustellen versuchen, wie sich im europäischen Normalfall Eltern um ihre Kinder, Kinder um ihre Eltern, und Eheleute und Geschwister umeinander kümmern. Dabei sollen physische, psychische, soziale und spirituelle Aspekte beachtet werden.

Die Psychoanalyse hat die Wichtigkeit der frühkindlichen Prägung der Menschen besonders betont.[147] Bei diesen Untersuchungen wurden vor allem die physischen und sexuellen Erfahrungen beachtet und die Bedingungen des frühkindlichen Aufwachsens besonders

146 Wallis Velma: Zwei alte Frauen. Eine Legende von Verrat und Tapferkeit, Piper Verlag, 26. Auflage, München 2019.

147 Hillmann Karl-Heinz: Wörterbuch der Soziologie, Alfred Kröner Verlag, 5. vollständig überarbeitete und erweiterte Auflage, Stuttgart 2007, S. 246 f.

Achtsamkeit

studiert. Manches wurde auch mit der Lebensgestaltung der Erwachsenen und ihren weltanschaulichen Überzeugungen in Beziehung gesetzt.

Wahrscheinlich war es für meine eigene spätere Entwicklung nicht gleichgültig, dass ich zu Hause (Zeppelinstraße 30, Dürerstraße 11, jetzt 19) im Bett meiner Mutter zur Welt gekommen bin und damals keine Klinik- oder Krankenhausmilieus kennen gelernt habe. Meine Eltern hatten schon einen Sohn (meinen Bruder Hansjörg 5 1/2 Jahre älter als ich) der mit ca. 3 Jahren lebensgefährlich an Diphterie erkrankt war und nur mit Mühe überlebt hatte. Ein weiteres Kind (auch einen Sohn) verlor meine Mutter im 5. Schwangerschaftsmonat. So waren alle von Anfang an glücklich mit mir und meiner unkomplizierten Geburt. Wahrscheinlich stammt auch mein tiefes Geborgenheitsgefühl aus diesen frühkindlichen Erfahrungen. Obwohl ich in der Kriegs- und Nachkriegszeit aufwuchs und wir nicht viel hatten, hatte ich nie den Eindruck, dass es mir am Lebensnotwendigen fehle.

Die psychische Prägung des Menschen in der frühkindlichen Periode ist von besonders großer Bedeutung, wobei vor allem das tatsächliche Verhalten der Erwachsenen und weniger die geäußerten Vorschriften von prägender Bedeutung sind. Nicht was Eltern sagen, sondern was Eltern tun, ist ausschlaggebend. Manchmal haben auch andere Familienmitglieder und ihr Verhalten einen beispielgebenden und prägenden Einfluss.

Auch die sozialen Fähigkeiten erlernt ein Mensch im Umgang mit seiner Familie, Freunden und Nachbarn, aber auch mit fremden Personen, denen die Kinder begegnen und die sie nicht näher kennen. Andere Menschen einschätzen zu lernen, (gerade auch solche die man (noch) nicht kennt) ist eine wichtige Aufgabe und will und kann gelernt werden. Manchmal machen Menschen schlechte Erfahrungen und lernen daraus. „Durch Schaden wird man klug“ lautet eine alte Redensart.

Die spirituelle Prägung erhält ein Mensch in der Regel durch die spirituelle Haltung der Eltern und anderer Familienmitglieder und weniger durch wie immer geäußerte oder nahegebrachte Gebote und Verbote. Nicht was Eltern und Verwandte sagen, sondern was sie tun ist entscheidend und prägend.

In der Regel sind physische, psychische, soziale und spirituelle Aspekte des Verhaltens von Menschen miteinander verwoben und können nur zu analytischen Zwecken gesondert betrachtet werden. Ein Kirchgang kann z.B. freudig begrüßt werden, weil einer hofft, Freunde und Bekannte zu treffen oder abgelehnt werden, weil ein Mensch nach einer großen Anstrengung müde ist und sich nicht mehr für einen – vielleicht zeitaufwändigen – Kirchgang zurecht machen will. Viele spirituelle Handlungen haben auch vielfältige Nebenaspekte, die aber für manche gar nicht bloß nebenher ablaufen.

5.2. Achtsamkeit gegenüber Tieren.

Zunächst mussten die Menschen darauf bedacht sein, sich vor wilden Tieren zu schützen. Sie beobachteten das Verhalten der Tiere und lernten es, auch große und gefährliche Tiere zu erlegen. Langsam entwickelte sich eine gewisse Symbiose zwischen Jägern und gejagten Tieren, die sich heute in Jagdvorschriften, Schonzeiten und anderen gesetzlichen Vorschriften wiederfinden. Die Menschen lernten es auch, gewisse Tiere zu zähmen und Herden sehr unterschiedlicher Tiere zu halten. Sie wurden Hirten, von denen es in der Bibel im Idealfall heißt: Der gute Hirte kennt sein Schafe und die Schafe kennen ihn. Diese gegenseitige Achtsamkeit kennzeichnet eine funktionierende Hirtengesellschaft.

Sowohl Jäger und Sammler als auch Hirten und Herden benötigen entsprechende Rahmenbedingungen. Ändern sich die Lebensbedingungen müssen sich auch die Beziehungen der Menschen untereinander und zu ihren Tieren verändern.

Auch die Bewertung der Tiere durch die Menschen hat sich je nach Zeit und Ort verändert. Manche Tiere wurden zu Wappentieren und dienten zur Identifikation mit einer Gesellschaft oder einer bestimmten Familie. Manche Tier-Namen wurden als Schimpfwörter verwendet.

Heute gibt es viele nationale und internationale Organisationen, die sowohl versuchen, vom Aussterben bedrohte Tierarten zu schützen, als auch durch geeignete Vorschriften das Tierwohl zu fördern. Das Bestreben der Menschen, Tiere als Haustiere zu halten, ist sehr unterschiedlich. Missbrauch ist immer wieder möglich, auch wenn vielen Tätern gar nicht bewusst ist, was sie tun. Eine artgerechte Tierhaltung ist jedenfalls anzustreben und zu sichern.

In meiner Herkunftsfamilie hatten wir nie Haustiere, auch wenn ich am Bauernhof in Grieskirchen und auch bei anderen Gelegenheiten mit Tieren in Berührung kam. Aber eine engere Beziehung zu irgendeinem (Haus-)Tier hat sich nicht ergeben, jedenfalls nicht in der Art wie mein Studienkollege Helmut Rauch es einmal ausgedrückt hat: „Eine Familie ohne Hund kann ich mir gar nicht vorstellen."

Angesichts der gewaltigen Zunahme des Lebewesens „Mensch" im 20. Jahrhundert und der gleichzeitigen Einschränkungen der Lebensräume vieler anderer Lebewesen, nicht zuletzt durch verschiedene Aktivitäten des Menschen und der wirtschaftlichen Ausbeutung beschränkter und nicht erneuerbarer Ressourcen, gewinnt die Achtsamkeit gegenüber Tieren einen neuen wichtigen Stellenwert.

5.3. Achtsamkeit gegenüber Pflanzen.

Die Menschen lernten schon als Jäger und Sammler die Qualitäten der Pflanzen kennen und unterschieden: giftig und ungiftig, sättigend und weniger sättigend, bekömmlich und weniger bekömmlich, haltbar und verderblich und andere Eigenschaften. Die Menschen entdeckten auch die Lieblingsplätze der verschiedenen Pflanzen, Bäume und Gräser. Versuche wurden gestartet, wie Fleisch und Früchte haltbar gemacht werden konnten und wie man die verschiedenen Nahrungsmittel sicher vor Beutetieren und Ungeziefer schützen konnte.

Als die Menschen begannen, Herden zu halten, mussten sie auch Futter und Tränken für ihre Tiere finden und lernten so gute Weideplätze und ergiebige Wasserquellen kennen und schätzen. Das Wasser wurde ein wichtiges Gut und an Wasserquellen siedelten sich später die Menschen auch an.

Mit dem Sesshaft-Werden der Menschen änderten sich auch ihre Bedürfnisse und neue Vorgangsweisen und Verhaltensweisen gegenüber den Pflanzen wurden entwickelt. Immer besser lernten die Menschen die vielfältigen Eigenschaften der Pflanzen kennen, weiterzuentwickeln und entwickelten auch Methoden, von ihnen gewünschte Eigenschaften zu stärken und durch immer neue Versuche auch zu erzeugen. Dabei entstanden sowohl in der Pflanzenwelt als auch bei der Tierzucht ethische Probleme und wurden später Versuche, insbesondere am Menschen, verboten. Da manche Manipulations-Methoden aber auch zur Heilung von Krankheiten dienen konnten, wurden auch Ausnahmen von den Vorschriften gemacht und konnten auch verschiedene wissenschaftliche Forschungen stattfinden. Bis heute gibt es nur wenige - weltweit einheitliche – Vorschriften, die insbesondere im Bereich der Gentechnologie oder der biochemischen Forschung für alle gelten und tatsächlich auch weltweit eingehalten werden.

Zugleich entwickelten sich auch im internationalen Handel und in der Konkurrenz der Großkonzerne Qualitätskriterien, die für die Konsumenten Vorteile und Schutz bieten sollten, oft aber auch dazu benutzt wurden, alternative Produktionen, insbesondere von kleineren Produzenten, auszuschalten oder zu diskriminieren.

Die Bauern waren – in Europa – jahrhundertelang die Hauptproduzenten und zugleich zahlreichsten Konsumenten der agrarischen Produkte. Heute produziert eine kleine Minderheit von Menschen die Lebensmittel, werden viele Früchte aus dem Ausland – zu skandalös niedrigen Preisen – bezogen und erfordert der weltweite Nahrungsmittelhandel internationale Vorschriften und Kontrollen. Auch im Bereich der inländischen Nahrungsmittelkette gibt es – an als neuralgisch angesehenen Punkten – Qualitätskontrollen und wird das In-Verkehr-Bringen von für den Verzehr nicht geeigneten Nahrungsmitteln streng bestraft und sind die diesbezüglichen Kontrollen sehr rigoros.

Die Menschen haben es gelernt, selbst gewisse Nahrungsmittel zu erzeugen, so pflanzen sie z.B. Paradeiser und andere Gemüsesorten in ihren Kleingärten, manchmal auch auf ihren Balkonen und ist die gärtnerische Blumen- und Gemüseerzeugung ein wichtiger Wirtschaftszweig. Eine interessante Sonderform ist das „urban gardening".

Auch Obst- und Weinkulturen sind wichtig geworden und die Weinkultur Österreichs wird heute auch international stark beachtet. Insbesondere seit dem Weinskandal der 80-iger Jahre in Österreich, der vor allem in der Wachau zu einer bemerkenswerten Selbstreglementierung der Weinproduzenten geführt und damit eine hohe

Qualität und einen dementsprechenden Preis gesichert hat, wird mit begehrten Qualitätsprodukten sehr erfolgreich Handel betrieben.

Die scheinbar bequeme, aber falsche Ansicht, die im europäischen Lebensmittelhandel entwickelt wurde und von vielen Konsumenten gelebt wird: „Für jeden muss jederzeit alles sofort verfügbar sein“ hat dazu geführt, dass ein skandalös hoher Prozentsatz von erzeugten Lebensmitteln regelmäßig ungenützt weggeworfen wird, sodass auch in diesem Bereich der Müll zum Problem geworden ist. Die Abfallwirtschaft ist überall zu einem wichtigen Wirtschaftszweig geworden und überspitzt können wir (für Europa) sagen: Nicht der Mangel, sondern der Überfluss ist unser Hauptproblem und droht uns zu „ersticken“.

Zugleich ist bei vielen Produkten die jeweilige „Schönheit“ des Produktes wichtig: Äpfel sollen eine gewisse Größe haben, natürliche Flecken gelten als unschön und führen dazu, dass das Produkt um eine Klasse zurückgestuft wird. Manchmal spielt auch die Farbe des Produktes eine wichtige Rolle oder die je geschätzte Form. Bei manchen Produkten genießen kuriose Formen eine besondere Bedeutung, gelten als schön und werden teuer bezahlt, sodass Züchter sich bemühen, solche Formen hervorzubringen.

5.4. Achtsamkeit gegenüber Dingen.

Bei den Dingen können wir zwischen den natürlichen Dingen, den Naturphänomenen, den natürlichen Kreisläufen und Abläufen und den Artefakten, den von Menschen geschaffenen Dingen, unterscheiden. Manche Naturphänomene, wie Blitz und Donner, Regen, Hagel und Schnee oder der Regenborgen, haben die Menschen von alters her und bis heute immer wieder beeindruckt und die Menschen haben im Laufe der Zeit verschiedene Erklärungsmodelle für diese Phänomene entwickelt. Manche Phänomene wurden einem göttlichen Walten zugeschrieben, manche Erscheinungen sind bis heute nicht vollständig erklärbar.

Was von den Menschen schön, furchterregend, angenehm oder lästig empfunden wurde und wird, ist bis heute unterschiedlich und zeit-, kultur- und situationsabhängig. Auch das, was die Menschen selbst hervorgebracht haben und hervorbringen, was sie motiviert hat und motiviert und wie sie es genau angestellt haben, die Dinge hervorzubringen, ist nicht nur bei Produkten der Kunst nicht eindeutig gelöst, sondern auch bei technischen Errungenschaften erklärungsbedürftig. Wann ist z.B. für einen Betrachter oder einen Benützer (Fußgänger, Fahrradfahrer, Autofahrer, LKW-Fahrer) eine Brücke eine schöne Brücke? Kann die gleiche für verschiedene Menschen zugleich schön und ein Albtraum sein oder sogar für denselben Menschen bei unterschiedlichen Gelegenheiten so verschieden wirken?

Die meisten Menschen haben Lieblingsgegenstände. Kinder lieben z.B. Stofftiere, die sie gerne bei sich haben möchten, ohne die sie nicht schlafen gehen wollen und die sie oft auf Reisen mitnehmen, wo sie sie manchmal verlieren und darüber sehr traurig sind. Aber auch Erwachsene können sich sehr ärgern, wenn z.B. das Lieblingskleid einen hartnäckigen Fleck bekommt, die Lieblingskrawatte einen Riss bekommt oder die Lieblingshose ein Loch, usw.

Fragwürdig kann das Dinge-lieb-Gewinnen dann werden, wenn die Dinge zu Symbolen, z.B. von Göttlichkeit werden und Gegenstände zu Götzen werden, die die Menschen verehren. Manche Herrscher haben in der Vergangenheit die Verehrung ihrer Symbole befohlen, was in Schillers Wilhelm Tell in dramatischer Weise durch die Ehrfurchtsgeste vor Gesslers Hut zum Ausdruck kam und vom freiheitsliebenden Tell verweigert wurde. Geschichte und Literatur, aber auch unterschiedliche heilige Schriften prangern solche Fehlhaltungen der Menschen an, was auch im Bilderverbot mancher Religionen und in der biblischen Vorschrift: Du sollst dir kein Bild machen, gemeint war ein Götzenbild, zum Ausdruck kommt.

Wie wichtig für die Menschen Bilder sind, kommt in den Redensarten: „Ich muss mir erst ein Bild machen“; „ich bin im Bilde“; „bildlich gesprochen“; deutlich zum Ausdruck. Auch falsche Bilder können das Verhalten von Menschen nachhaltig prägen; daher müssen wir die Bilder, die wir im Kopf haben, immer wieder kritisch überprüfen und korrigieren. Interessant ist in diesem Zusammenhang, dass sich die Katholische Kirche selbst als eine ständig erneuerungsbedürftige Kirche (ecclesia semper reformanda) bezeichnet und sich zugleich in ihr die beharrenden Kräfte als derart stark und erneuerungshemmend erweisen.

Achtsamkeit muss von uns allen – immer wieder – erlernt werden. Die Bedürfnisse der Menschen, auch von jedem von uns, ändern sich; andere beachten, ihnen Achtung erweisen und mit allen und allem immer wieder in der richtigen Weise umzugehen, ist und bleibt unsere Lebensaufgabe.

Wie werde ich MENSCH?

6. ZUSAMMENFASSUNG

Dem Phänomen, das ich bin und werde, habe ich mich in diesem Buch in 5 Schritten zu nähern versucht, wobei mir klar war, dass ich weder zur vollen Ipseität, meiner Selbstwerdung, vordringen kann, noch in die Illeität, die Wirklichkeit eines ganz Anderen, erreichen kann, sondern höchstens in der Spiegelung eines vertrauenden und vertrauenswürdigen Du mich und die Anderen besser erfahren kann.

Im ersten Kapitel setze ich mich mit den drei Fragen Kants zum Wesen des Menschen auseinander. Ich halte fest, dass ich nicht alles wissen kann, sondern jedes Wissen bruchstückhaft bleibt. Die Frage nach der Moral zeigt sich für mich als tiefe, persönliche Erkenntnis dessen, was meine Aufgaben im Leben sind und führen zur Annahme, dass es einen moralischen Fortschritt des Menschen und der Menschheit geben kann. Die Frage der Religion führt zur Einsicht, dass jeder Mensch ein spirituelles Wesen ist und sein Leben, jede Existenz, ihren Sinn (in sich) hat.

Das zweite Kapitel setzt sich mit der Mensch-Werdung auseinander, peilt im Anschluss an die Traditionelle Europäische Medizin (TEM) einen ganzheitlichen Ansatz an, ist sich der Schwächen jedes Menschen bewusst und versucht zu zeigen, dass es möglich ist Schwächen in Stärken zu verwandeln, aber nicht alle und schon gar nicht alle sofort. Das dritte Unterkapitel setzt sich mit einer perspektivischen Sicht des Mensch-Werdens auseinander und fordert Geduld und Beständigkeit ein.

Das dritte Kapitel zeigt konkrete Wege des Mensch-Werdens an der Kunst, vor allem Literatur, bildender Kunst und Musik auf, behandelt aber auch andere Möglichkeiten wie Wissenschaft und Sport, Berufe und Hobbies.

Das vierte Kapitel setzt sich mit der Existenz des Menschen, als Balance-Akt zwischen Extremen, auseinander und deutet die möglichen Abgründe des Mensch-Seins, die es zu vermeiden gilt, an, bemüht sich aber auch die Möglichkeiten und Chancen von Harmonie und Ausgeglichenheit aufzuzeigen.

Das letzte Kapitel fordert zur Achtsamkeit gegenüber Menschen, Tieren, Pflanzen und Dingen auf, spricht sich indirekt dafür aus weniger eigene, sogenannte wohlerworbene Rechte zu forcieren, sondern darauf zu achten, was anderen kostbar und lieb ist. Jede (vermeintliche) Berechtigung, unsensibel für die Gefühle anderer, durchzusetzen, kann ein ungerechtfertigter Akt der Brutalität sein, der Traumata verursachen kann, die lange nachwirken.

Zuletzt bleibt für jeden Menschen die Herausforderung, die Frage „Wer bin ich eigentlich?“ immer wieder durch seine stets verbesserungswürdig bleibende Existenz zu beantworten und vielleicht sich auch (immer wieder neu) konkrete Ziele zu setzen, die der jeweilige Mensch zu erreichen bemüht ist. Jedes Leben ist eine bleibende Chance.

Wenn ich auf der Basis meiner Erfahrungen und Überlegungen kurz zusammengefasst sagen soll, wie ich auf die gestellte Frage „Wer bin ich eigentlich?“ antworte, dann sage ich: Ich sehe mich als „bunter Vogel“, der die Freiheit liebt und sie vor allem in der Wissenschaft und im christlichen Glauben zu finden hofft, und zugleich als „bunter Hund“, der versucht, seinen Überzeugungen, den Meinen und mir selbst treu zu sein und ich bin ein einmaliges Lebewesen, das für sein Verhalten Verantwortung trägt und dieser Herausforderung zu leben versucht.

LITERATURVERZEICHNIS

Aigner Wolfgang: Zerbrochenes Rückgrat, in: Schulmeister Otto (Hrsg.): Offene Briefe an die Österreicher, Verlag Fritz Molden, Wien – München – Zürich 1970.

Allgemeine Erklärung der Menschenrechte, illustriert von Michel Streich, Albrecht Knaus Verlag, München 2008.

Annesley Mike: Anleitung zur Achtsamkeit, Dorling Kindersley Verlag, München 2016.

Antonovsky Aaron: Salutogenese. Zur Entmystifizierung der Gesundheit, Verlag Deutsche Gesellschaft für Verhaltenstherapie (DGVT), Tübingen 1997.

Aurel Marc: Wege zu sich selbst, Verlag Anaconda, Köln 2018.

Beck Ulrich: Die Metamorphose der Welt, Suhrkamp Verlag, 2. Auflage, Berlin 2017.

Berger Peter L., Luckmann Thomas: Die gesellschaftliche Konstruktion der Wirklichkeit. Eine Theorie der Wissens-soziologie, S. Fischer Verlag, Frankfurt 2010.

Bernsdorf Wilhelm, Knospe Horst (Hrsg.): Internationales Soziologenlexikon Band 1: Beiträge über bis Ende 1969 verstorbene Soziologen, F. Enke Verlag, Stuttgart 1980.

Bettelheim Bruno: Kinder brauchen Märchen. Deutscher Taschenbuch Verlag, 30. Auflage, München 2011.

Bogner Daniel: Ihr macht uns die Kirche kaputt, doch wir lassen das nicht zu, Herder Verlag, Freiburg 2019.

Bourdieu Pierre: Keine wirkliche Demokratie ohne wahre kritische Gegenmacht, in: Bourdieu Pierre: Die verborgenen Mechanismen der Macht, VSA Verlag, Hamburg 2005.

Brix Emil, Richter Rudolf (Hrsg.): Organisierte Privatinteressen. Vereine in Österreich, Passagen Verlag, Wien 2000.

Brunnhuber Stefan: Die offene Gesellschaft. Ein Plädoyer für Freiheit und Ordnung im 21. Jahrhundert, oekom Verlag, München 2019.

Buber Martin: Das Problem des Menschen, Kösel Verlag, Heidelberg 1961.

Comte Auguste: Soziologie 3 Bände, Verlag G. Fischer, Jena 1907-1911.

Comte-Sponville André: Ermutigung zum unzeitgemäßen Leben. Ein kleines Brevier der Tugenden und Werte, Rowohlt Verlag, 2. Auflage, Reinbek 2001.

Comte-Sponville André: Woran glaubt ein Atheist? Spiritualität ohne Gott, Diogenes Verlag, Zürich 2009.

Dahrendorf Ralf: Lebenschancen. Anläufe zur sozialen und politischen Theorie, Suhrkamp Verlag, Frankfurt/Main 1979.

Deutsch Karl W.: Die Analyse internationaler Beziehungen. Konzeption und Probleme der Friedensforschung, Europäische Verlagsanstalt, Frankfurt/Main 1968.

Deutsche UNESCO Kommission (Hrsg.): Lernfähigkeit: Unser verborgener Reichtum. UNESCO-Bericht zur Bildung für das 21. Jahrhundert, Luchterhand Verlag, Neuwied, Kriftel, Berlin 1997.

Dumont Louis M.: Gesellschaft in Indien. Die Soziologie des Kastenwesens, Europa Verlag, Wien 1976.

Ehalt Hubert Christian, Pritz Alfred: Psychotherapiestadt Wien. Vorwort, m: Kast Verena: Mythos, Traum, Realität, Picus Verlag, 2. Auflage, Wien 2015.

Fenzl Annemarie, Moser Wolfgang: Kardinal König. Woher komme ich? Wohin gehe ich? Anregungen für ein angstfreies Leben, Styria Verlag, Wien Graz, Klagenfurt, 2009.

Flasch Kurt: Nachwort, in: Boethius Anicius Manlius Severinus: Trost der Philosophie, München 2010.

Frankl Viktor E.: Der Mensch vor der Frage nach dem Sinn. Eine Auswahl aus dem Gesamtwerk, Piper Verlag, 25. Auflage, München 2013.

Frevert Ute: Frauen-Geschichte. Zwischen Bürgerlicher Verbesserung und Neuer Weiblichkeit, Suhrkamp Verlag, Frankfurt/Main 1986.

Gabriel Markus: Moralischer Fortschritt in dunklen Zeiten. Universale Werte für das 21. Jahrhundert, Ullstein Verlag, 5. Auflage, Berlin 2020.

Galtung Johan: Eine strukturelle Theorie des Imperialismus, in: Senghaas Dieter (Hrsg.): Imperialismus und strukturelle Gewalt. Analysen über abhängige Reproduktion, Suhrkamp Verlag, Frankfurt/Main 1972.

Geiger Arno: Der Hahnenschrei. Rede zur Verleihung des Literaturpreises der Stadt Bremen 2019, in: Geiger Arno: Der Hahnenschrei. Drei Reden, Carl Hanser Verlag, München 2019.

Gowin Peter, Walzer Nana (Hrsg.): Die Evolution der Menschlichkeit. Wege zur Gesellschaft von morgen, Verlag Braumüller, Wien 2017.

Halík Tomáš: Ich will, dass du bist. Über den Gott der Liebe, Verlag Herder, 2. Auflage, Freiburg/Basel/Wien 2016.

Havel Vaclav: Versuch, in der Wahrheit zu leben, Rowohlt Verlag, 10. Auflage, Reinbek 2000.

Hengstschläger Markus: Die Lösungsbegabung. Die Gene sind nur unser Werkzeug. Die Nuss knacken wir selbst! Ecowin Verlag, 2. Auflage, Salzburg – München 2020.

Hetzer Theodor: Giotto – Grundlegung der neuzeitlichen Kunst, Mäander Kunstverlag, Stuttgart 1981.

Hillmann Karl-Heinz: Wörterbuch der Soziologie, Alfred Kröner Verlag, 5. vollständig überarbeitete und erweiterte Auflage, Stuttgart 2007.

Hofer Bernhard, Pass Claudia, Pracher Christian, Strunz Herbert (Hrsg.): Religion und Gesellschaft. Festgabe für Klaus Zapotoczky zum 80. Geburtstag. Mit einem Beitrag des Jubilars, Mercur Verlag, Wien/Berlin 2018.

Hölderlin Friedrich: Gesammelte Werke, Kleins Druck- und Verlagsanstalt, Lengerich 1959.

Horkheimer Max: Die Sehnsucht nach dem ganz Anderen. Ein Interview mit Kommentar von Helmut Gumnior, Furche Verlag, Hamburg 1970.

Huizinga Johan: Homo Ludens. Vom Ursprung der Kultur im Spiel, Rowohlt Taschenbuch Verlag, 22. Auflage, Reinbek bei Hamburg 2011.

Hüther Gerald: Würde. Was uns stark macht – als Einzelne und als Gesellschaft, Knaus Verlag, München 2018.

Jacoby Edmund: 50 Klassiker Philosophen. Denker von der Antike bis heute, Gerstenberg Verlag, 5. überarbeitete Auflage, Hildesheim 2005.

Jaspers Karl: Was ist der Mensch? Grenzen und Möglichkeiten, in: Jaspers Karl: Was ist der Mensch? Philosophisches Denken für alle, Piper Verlag, München 2000.

Kant Immanuel: Die Religion innerhalb der Grenzen der bloßen Vernunft, in: Weischedel Wilhelm (Hrsg.): Immanuel Kant: Die Metaphysik der Sitten, Werksausgabe Band VIII, Suhrkamp Verlag, Frankfurt/Main 1977.

Kant Immanuel: Kritik der praktischen Vernunft. Grundlegung zur Metaphysik der Sitten, in: Weischedel Wilhelm (Hrsg.): Werksausgabe VII, Suhrkamp Verlag, Frankfurt/Main 1974.

Kant Immanuel: Kritik der reinen Vernunft 1 und 2, in: Weischedel Wilhelm (Hrsg.): Werkausgabe III und IV, Suhrkamp Verlag, Frankfurt/Main 1974.

Kern Oskar: Briefträgerkind, edition a, Wien 2014.

Köhlmeier Michael: Sagen des klassischen Altertums, Piper Verlag, 16. Auflage, München 2012.

Kołakowski Leszek: Falls es keinen Gott gibt. Die Gottesfrage zwischen Skepsis und Glaube, Gütersloher Verlagshaus, Gütersloh 2008.

König Franz: Gedanken für ein erfülltes Leben, Styria Verlag, Graz 2013.

Korten David C.: Change the Story, Change the Future, Weltsichten und ökonomischer Wandel, Phänomen Verlag, München 2015.

Kreisky Bruno: Aspekte des demokratischen Sozialismus, Aufsätze, Reden, Interviews, List Verlag, München 1974.

Krenek Ernst: Im Atem der Zeit. Erinnerungen an die Moderne, Braumüller Verlag, Wien 2012.

Levinas Emmanuel: Außer sich. Meditationen über Religion und Philosophie, Carl Hanser Verlag, München, Wien 1991.

Levinas Emmanuel: Die Bedeutung und der Sinn, in: Levinas Emmanuel: Humanismus des anderen Menschen, Felix Meiner Verlag, Hamburg 2005.

Marquard Odo: Der Einzelne. Vorlesungen zur Existenzphilosophie, Reclam Verlag, Stuttgart 2013.

Marx Karl, Engels Friedrich: Das kommunistische Manifest, Anaconda Verlag, Köln 2009.

Maslow Abraham H.: Motivation und Persönlichkeit, Rowohlt Verlag, Reinbek 1981.

McClelland David: Die Leistungsgesellschaft. Psychologische Analyse der Voraussetzungen wirtschaftlicher Entfaltung, Kohlhammer Verlag, Stuttgart 1966.

Meier Pirmin: Paracelsus. Arzt und Prophet. Annäherungen an Theophrastus von Hohenheim, Ammann Verlag, 5. verbesserte Auflage, Zürich, 2001.

Metz Johann Baptist: Mystik der offenen Augen. Wenn Spiritualität aufbricht, Herder Verlag, Freiburg/Basel/Wien 2011.

Mitscherlich Alexander und Margarete: Die Unfähigkeit zu trauern. Grundlagen kollektiven Verhaltens, Piper Verlag, 23. Auflage, München 1967.

Montalembert Hugues de: Der Sinn des Lebens ist das Leben. Meine Geschichte, Du Mont Verlag, Köln 2011.

Nassehi Armin, Felixberger Peter (Hrsg.): Kursbuch 198. Heimatt, Verlag Kursbuch Kulturstiftung, Hamburg 2019.

Ogburn William F.: Die Theorie der kulturellen Phasenverschiebung, in: Ogburn William F.: Kultur und sozialer Wandel. Ausgewählte Schriften, Luchterhand Verlag, Neuwied – Berlin 1969.

Pieper Josef: Grundformen sozialer Spielregeln, Verlag Josef Knecht, Frankfurt/Main 1962.

Popper Karl R.: Die offene Gesellschaft und ihre Feinde, 2 Bände, Francke Verlag, 6. Auflage, München 1980.

Popper Karl R.: Auf der Suche nach einer besseren Welt. Vorträge und Aufsätze aus dreißig Jahren. Piper Verlag, 9. Auflage, München, Zürich 1997.

Pracher Christian, Strunz Herbert (Hrsg.): Wissenschaft um der Menschen willen. Festschrift für Klaus Zapotoczky zum 65. Geburtstag, Verlag Duncker & Humblot, Berlin 2003.

Precht Richard David: Warum gibt es alles und nicht nichts? Ein Ausflug in die Philosophie, Goldmann Verlag, München 2011.

Rahner Karl: Das Dynamische in der Kirche, in: Rahner Karl, Schlier Heinrich (Hrsg.): Quaestiones Disputatae, Band 5, Herder Verlag, Basel, Freiburg, Wien 1958.

Rammer Alfred: Der unsichtbare Fundamentalismus. Sozialformen des Fundamentalismus in säkularisierter Gesellschaft, Trauner Verlag, Linz 2006.

Raworth Kate: Die Donut-Ökonomie. Endlich ein Wirtschaftsmodell, das den Planeten nicht zerstört, C. Hanser Verlag, München 2018.

Reckwitz Andreas: Die Gesellschaft der Singularitäten, Suhrkamp Verlag, 6. Auflage, Berlin 2018.

Ridder Paul: Einführung in die Medizinische Soziologie, Verlag B. G. Teubner, Stuttgart 1988.

Schelsky Helmut: Die Arbeit tun die anderen. Klassenkampf und Priesterherrschaft der Intellektuellen, Westdeutscher Verlag, Opladen 1975.

Schelsky Helmut: Funktionäre. Gefährden sie das Gemeinwohl? Seewald Verlag, Stuttgart 1982.

Schelsky Helmut: Ortsbestimmung der deutschen Soziologie, Eugen Diederichs Verlag, Düsseldorf – Köln 1959.

Schoeck Helmut: Der Neid und die Gesellschaft, Herder Verlag, Freiburg/Basel/Wien 1971.

Schulze Gerhard: Die Sünde. Das schöne Leben und seine Feinde, Carl Hanser Verlag, München/Wien 2006.

Schütz Alfred: Der sinnhafte Aufbau der sozialen Welt. Eine Einleitung in die Verstehende Soziologie, Springer Verlag, 2. Auflage, Wien 1960.

Stieger Leopold: Freitätigkeit. Zwischen Beruf und Ruhestand. Sinnerfülltes Gestalten dieser Lebensphase, Wien 2018.

Strotzka Hans: Kleinburg. Eine sozialpsychiatrische Feldstudie, Österreichischer Bundesverlag, Wien 1969.

Treibel Annette: Einführung in soziologische Theorien der Gegenwart. VS Verlag für Sozialwissenschaften, 7. aktualisierte Auflage, Wiesbaden 2006.

Treibel Annette: Migration in modernen Gesellschaften. Soziale Folgen von Einwanderung, Gastarbeit und Flucht, Juventa Verlag, 5. Auflage, Weinheim und München 2011.

Tschemer Marlies: Erwachsene in Musikschulen. Motive, Ziele, Erwartungen, Trauner Verlag, Linz. 2010.

Wallis Velma: Zwei alte Frauen. Eine Legende von Verrat und Tapferkeit, Piper Verlag, 26. Auflage, München 2019.

Weber Max: Die protestantische Ethik. Eine Aufsatzsammlung, Siebenstein Taschenbuch Verlag, München, Hamburg 1965.

Weizsäcker Ernst Ulrich von, Wijkman Anders u. a.: Club of Rome: Der große Bericht. Wir sind dran. Was wir ändern müssen, wenn wir bleiben wollen. Eine neue Aufklärung für eine volle Welt, Verlag Gütersloher Verlagshaus, 4. aktualisierte Auflage, Gütersloh 2018.

Wilber Ken: Integrale Spiritualität. Spirituelle Intelligenz rettet die Welt, Kösel Verlag, 6. überarbeitete Auflage, München 2007.

Wintgen Siegfried, Webersberger Regina: Traditionelle Europäische Medizin. Das große Praxisbuch der westlichen Heilkunst, Kneipp Verlag, Wien 2015.

Wolf Notker: Das Unmögliche denken, das Mögliche wagen. Visionen für eine bessere Zukunft, Verlag Gütersloher Verlagshaus, Gütersloh 2019.

Zapf Wolfgang u.a.: Individualisierung und Sicherheit. Untersuchungen zur Lebensqualität in der Bundesrepublik Deutschland, Verlag C.H. Beck, München 1987.

Zapotoczky Klaus: Jenseits der Losigkeitsgesellschaft. Von der Hoffnung auf Zusammenhalt, Verlag pro mente edition, Linz 2012.

Zapotoczky Klaus: Vom Wort zur Tat. Spiritualität für alle Menschen guten Willens, Trauner Verlag, Linz 2017.

Zapotoczky Klaus, Pracher Christian, Strunz Herbert (Hrsg.): Gemeinschaft und Engagement. Eckpfeiler zum Weiterdenken, Mercur Verlag, Wien, Berlin 2017.

Zapotoczky Klaus, Wintgen-Samhaber Irmgard (Hrsg.): Fernöstliche Heilkunst: Mode / Trend / Hilfe?, Bacopa Verlag, Schiedlberg 2007.

Gina Müller, geb. 1973 in Horn, studierte von 1992-1995 Germanistik und Philosophie an der Universität Wien, anschließend Grafikdesign und Illustration an der Hochschule für Angewandte Kunst in Wien (Diplom bei Prof. Erben).
1998/99 Studienjahr an der Hochschule der Künste Berlin.
Lebt und arbeitet als freischaffende Künstlerin und Illustratorin in Wien.

Klaus Zapotoczky, geb. 1938 in Linz, studierte Rechtswissenschaften und Mathematik in Wien (Dr. iur. 1961), war dann bei Gericht tätig (Bezirksgericht Wien, Innere Stadt, Jugendgerichtshof).
Studium der Sozialwissenschaften in Löwen 1961-1964 (Lizenziat 1964).
Lehr- und Forschungstätigkeit an der Dt. Akademie Klausenhof, in Linz und Wien. 1964-1976 (Habilitation für Soziologie an der Philosophischen Fakultät der Univ. Wien 1974).
1976-2006 o. Prof. für Soziologie an der Johannes Kepler Universität Linz.
Seit 2006 lebt und arbeitet Zapotoczky in Linz. Ist mit Lehr- und Forschungstätigkeiten im In- und Ausland beschäftigt und ist Autor bzw. Herausgeber von mehr als 60 Büchern und Autor von zahlreichen Zeitschriftenartikeln und (Buch)Beiträgen.